*essentials* liefern aktuelles Wissen in konzentrierter Form. Die Essenz dessen, worauf es als „State-of-the-Art" in der gegenwärtigen Fachdiskussion oder in der Praxis ankommt. *essentials* informieren schnell, unkompliziert und verständlich

- als Einführung in ein aktuelles Thema aus Ihrem Fachgebiet
- als Einstieg in ein für Sie noch unbekanntes Themenfeld
- als Einblick, um zum Thema mitreden zu können

Die Bücher in elektronischer und gedruckter Form bringen das Expertenwissen von Springer-Fachautoren kompakt zur Darstellung. Sie sind besonders für die Nutzung als eBook auf Tablet-PCs, eBook-Readern und Smartphones geeignet. *essentials:* Wissensbausteine aus den Wirtschafts-, Sozial- und Geisteswissenschaften, aus Technik und Naturwissenschaften sowie aus Medizin, Psychologie und Gesundheitsberufen. Von renommierten Autoren aller Springer-Verlagsmarken.

Weitere Bände in der Reihe http://www.springer.com/series/13088

Ulf von Krause

# Die Bundeswehr als Teil einer Europäischen Armee

Realistische Perspektive oder unrealistische Vision?

 Springer VS

Ulf von Krause
Königswinter, Deutschland

ISSN 2197-6708          ISSN 2197-6716   (electronic)
essentials
ISBN 978-3-658-28164-9          ISBN 978-3-658-28165-6   (eBook)
https://doi.org/10.1007/978-3-658-28165-6

Die Deutsche Nationalbibliothek verzeichnet diese Publikation in der Deutschen Nationalbibliografie; detaillierte bibliografische Daten sind im Internet über http://dnb.d-nb.de abrufbar.



Springer VS ist ein Imprint der eingetragenen Gesellschaft Springer Fachmedien Wiesbaden GmbH und ist ein Teil von Springer Nature.
Die Anschrift der Gesellschaft ist: Abraham-Lincoln-Str. 46, 65189 Wiesbaden, Germany

# Was Sie in diesem *essential* finden können

- Einen Überblick über die Begriffe rund um eine „Europäischen Armee" bzw. „Armee der Europäer".
- Argumente für eine engere sicherheitspolitische Zusammenarbeit in Europa.
- Gründe, warum eine Europäische Armee nicht realisierbar ist.
- Einen Überblick über Ansätze, Elemente einer Armee der Europäer zu realisieren.
- Die Chancen einer Armee der Europäer für das transatlantische Verhältnis.
- Umfangreiche Fundstellen, die eine Vertiefung der Thematik ermöglichen.

# Inhaltsverzeichnis

# Über den Autor

**Ulf von Krause** ist Publizist. Er war Berufssoldat, zuletzt als Generalleutnant. Er studierte Wirtschaftswissenschaften und arbeitete im Bereich Logistik und Bundeswehrplanung. Nach der Bundeswehrzeit studierte er Politikwissenschaft, seine Schwerpunkte liegen an der Nahtstelle von Politik und Militär. Er promovierte über Entscheidungsprozesse zu den Afghanistaneinsätzen der Bundeswehr.

# Abkürzungsverzeichnis

| | |
|---|---|
| AWACS | Airborne Early Warning and Control System |
| BMVg | Bundesministerium der Verteidigung |
| BVerfG | Bundesverfassungsgericht |
| CARD | Coordinated Annual Review on Defence |
| EATC | European Air Transport Command |
| EDA | European Defence Agency |
| EDF | European Defence Fund |
| EI2 | European Intervention Initiative |
| EPZ | Europäische Politische Zusammenarbeit |
| ESVP | Europäische Sicherheits- und Verteidigungspolitik |
| EU | Europäische Union |
| EVG | Europäische Verteidigungsgemeinschaft |
| FCAS | Future Combat Aircraft System |
| FNC | Framework Nations Concept |
| GASP | Gemeinsame Außen- und Sicherheitspolitik |
| GG | Grundgesetz |
| GSVP | Gemeinsame Sicherheits- und Verteidigungspolitik |
| ISAF | International Security Assistance Force |
| NATO | North Atlantic Treaty Organization |
| ParlBG | Parlamentsbeteiligungsgesetz |
| PESCO | Permanent Structured Cooperation |
| SACEUR | Supreme Allied Commander in Europe |
| SPE | Sozialdemokratische Partei Europas |

# Europäische Armee: Alte Idee – Begriffsvielfalt mit tagespolitischer Aktualität

**1**

„Die Europäische Armee – Politische Vision oder Hirngespinst"? Dieser Titel einer Podiumsdiskussion der Friedrich-Naumann-Stiftung für die Freiheit aus dem Juli 2019 wirft ein Schlaglicht darauf, dass der Begriff „Europäische Armee" bzw. Varianten davon hohe Aktualität in der politischen Debatte besitzen. Bei den 100-Jahr-Gedenkfeierlichkeiten zum Ende des Ersten Weltkriegs am 06.11.2018 forderte Frankreichs Präsident Emmanuel Macron eine „wahre europäische Armee" und erläuterte in einem Interview mit dem Radiosender Europe 1, ohne diese könnten die Europäer nicht verteidigt werden (SZ – Macron 2018). Dieses griff Bundeskanzlerin Angela Merkel auf und sprach sich kurz danach in einer Rede vor dem Europäischen Parlament am 13.11.2018 ebenfalls für die Schaffung einer „echten europäischen Armee" aus. An dieser „Vision" solle Europa arbeiten.

> „Eine gemeinsame europäische Armee würde der Welt zeigen, dass es zwischen den europäischen Ländern nie wieder Krieg gibt" (SZ – Merkel 2018).

Einen Tag zuvor hatte Verteidigungsministerin Ursula von der Leyen einen etwas anderen Begriff gebraucht, den einer „Armee der Europäer", und setzte sich damit von Macron (und von Merkel) ab. Sie formulierte:

> „Ich bin der festen Überzeugung, dass wir in absehbarer Zeit eine Armee der Europäer haben werden" (Jungholt 2019).

Auch CDU-Generalsekretärin Annegret Kramp-Karrenbauer nannte eine europäische Armee sinnvoll (Spiegel – Armee der Europäer 2018). Und selbst in den Wahlkampf für das Europäische Parlament schwappte die Idee integrierter Streitkräfte in Europa hinein. In der Diskussion der Spitzenkandidaten am 02.05.2019

© Springer Fachmedien Wiesbaden GmbH, ein Teil von Springer Nature 2019
U. von Krause, *Die Bundeswehr als Teil einer Europäischen Armee*, essentials,
https://doi.org/10.1007/978-3-658-28165-6_1

forderte der ehemalige belgische Ministerpräsident, der Liberale Guy Verhofstadt, Europas Armeen binnen fünf Jahren zu fusionieren: „Lasst uns die EU-Armee bis zum Jahr 2024 machen!" Manfred Weber (Europäische Volkspartei – EVP) sprach von der „Vision einer EU-Armee", Ska Keller (Grüne Fraktion) sprach von einem „Traum". Allerdings warnte Frans Timmermans (Sozialdemokratische Partei Europas – SPE) Verhofstadt, nichts zu versprechen, was er nicht halten könne, denn es werde „auf absehbare Zeit keine EU-Armee geben" (Ross 2019).

Dieses Kapitel soll die Diskussion über den Begriff „Europäische Armee" bzw. die Variationen im Zeitablauf skizzieren. In den folgenden Kapiteln wird dann auf Einzelheiten und Inhalte der Begriffsvarianten eingegangen.

Die „Europäische Armee" als politisches Ziel tauchte erstmals in den 1950er Jahren auf. Im Zuge der Veränderungen der Weltlage nach Ende des Zweiten Weltkriegs wurde ab 1950 ein militärischer Beitrag der Bundesrepublik Deutschland in Erwägung gezogen. Insbesondere die USA hatten hieran ein Interesse, da sich das Kräfteverhältnis zur Sowjetunion verschlechterte. Demgegenüber sah Bundeskanzler Konrad Adenauer eine Wiederbewaffnung auch als „Eintrittskarte" in das westliche Bündnis (von Krause 2013, S. 20 ff.). Um deutsche Streitkräfte „einzuhegen" und sie der nationalen Befehlsgewalt zu entziehen, legte der französische Ministerpräsident René Pleven 1950 einen Plan vor – „Pleven-Plan" –, nach dem eine europäische Armee mit rund 100.000 Soldaten geschaffen werden sollte. In diese wären auch die deutschen Verbände einzugliedern. Sie sollte einem europäischen Verteidigungsminister unterstellt und in die NATO eingegliedert werden. Aus diese Weise würde so etwas wie eine „Assimilierung in einer Europaarmee mit europäischen Uniformen" angestrebt (von Schubert, zit. nach ebenda, S. 43).

Der Vertragsentwurf für die Schaffung einer „Europäischen Verteidigungsgemeinschaft" (EVG) – so sollte die Umsetzung des Pleven-Plans heißen – wurde 1952 von Belgien, Frankreich, Luxemburg, den Niederlanden, Italien und der Bundesrepublik Deutschland verhandelt. Er sah u. a. die Ausarbeitung eines „bundesstaatlichen Gemeinwesens" vor, dem die zukünftige europäische Armee unterstehen und von dem sie demokratisch kontrolliert werden sollte. Die Führung war auf der unteren Ebene rein national, auf den höheren Ebenen durch Offiziere verschiedener Nationen vorgesehen (Deutscher Bundestag 2018, S. 6). Der Vertragsentwurf scheiterte jedoch 1954, weil er in der französischen Nationalversammlung nicht ratifiziert wurde. Das französische Parlament wollte den ehemaligen „Feindstaat" Deutschland nicht als (nahezu) gleichberechtigten Partner akzeptieren und keine Souveränität aufgeben.

Nach diesem Aus für die EVG wurde es zunächst ruhig um den Begriff einer Europäischen Armee. Pläne für europäische Streitkräfte sind aber nie vollständig in den Schubläden der Ministerien und Denkfabriken verschwunden, sondern tauchen in unregelmäßigen Abständen immer wieder in der sicherheitspolitischen Diskussion auf (Varwick 2007, S. 48), als sich allmählich in der Europäischen Union (EU) bzw. ihren Vorläuferorganisationen ein langsamer Prozess der Harmonisierung der Außen-, später auch der Sicherheit- und Verteidigungspolitik der Mitgliedstaaten entwickelte. Meilensteine dieses Prozesses waren:

- Die „Europäische Politische Zusammenarbeit" (EPZ) von 1970 (Koordinierung der außenpolitischen Zusammenarbeit, ohne dass daraus eine gemeinsame Außenpolitik entstand, und ohne dass entsprechende Instrumente entwickelt wurden).
- Die „Gemeinsame Außen- und Sicherheitspolitik" (GASP), erstmals geregelt im Vertrag von Maastricht 1992[1] (GASP als „zweite Säule" der EU, mit dem Erfordernis von Einstimmigkeit bei Beschlüssen), dann weiterentwickelt im Vertrag von Amsterdam 1999 (neue außen- und sicherheitspolitische Zuständigkeiten für die Union, Einstimmigkeit nur noch in grundsätzlichen Fragen, Mehrheitsentscheidungen in Durchführungsfragen möglich).
- Die „Europäische Sicherheits- und Verteidigungspolitik" (ESVP) im Vertrag von Nizza 2000 als integraler Bestandteil der GASP (Ziel: Fähigkeit zur Durchführung von Operationen im Krisenmanagement, dazu Schaffung entsprechender Strukturen und Aufstellen militärischer Verbände).
- Die „Gemeinsame Sicherheits- und Verteidigungspolitik" (GSVP) im Vertrag von Lissabon 2009 (Stärkung der Position des „Hohen Vertreters" für die GASP, Schaffung eines Europäischen Auswärtigen Dienstes) (Auswärtiges Amt o. J.)

So kam es insbesondere im ersten Jahrzehnt des neuen Jahrtausends zu einer „Wiederentdeckung" der Idee einer Europäischen Armee.

2006 beschäftigte sich das Europäische Parlament im Rahmen der Umsetzung einer europäischen Sicherheitsstrategie mit einer „Sicherheits- und Verteidigungsunion". Diese Überlegungen basierten auf Vorschlägen Deutschlands und Frankreichs von 2002. Der Ausschuss für Auswärtige Angelegenheiten schlug vor, die politische Entscheidungs- und Handlungsfähigkeit der Europäischen Union im Bereich der Sicherheits- und Verteidigungspolitik durch die Schaffung eines „gemeinsamen Marktes im Bereich der Verteidigung" und die Berufung eines für

---

[1]In Kraft getreten 1993.

auswärtige Angelegenheiten zuständigen EU-Ministers zu verbessern. Der Ausschussvorsitzende, Karl von Wogau von der EVP, schrieb auf der Website der EVP: „Wir sind auf dem Weg zu einer Europäischen Armee" und führte die von der EU geführte Mission zur Absicherung der Wahlen im Kongo als Beleg an (NGO-Online 2006).

Nachdem das Thema damit auf dem Tisch lag, äußerte sich auch Bundeskanzlerin Merkel Ende 2006 dazu. Sie ging zu der Zeit noch nicht so weit, explizit eine Europäische Armee zu fordern, betonte jedoch, dass die zahlreichen europäischen Militärmissionen einen großen Harmonisierungsdruck erzeugten und stellte fest: „(W)ir gehen ja in diese Richtung". Einen Tag später forderte der SPD-Vorsitzende Kurt Beck in einer Rede vor der SPE-Fraktion des Europaparlaments in Berlin, es müsse langfristiges Ziel sein,

> „im Rahmen einer Europäischen Sicherheits- und Verteidigungsunion Einheiten mit integrierten Kräften unter einem einheitlichen Kommando zu schaffen […] um Europa sicherheitspolitisch handlungsfähiger zu machen" (zit. nach Varwick 2007, S. 46).

Anfang 2007 griff dann auch Bundeskanzlerin Merkel – inzwischen für ein Jahr auch Ratspräsidentin der EU – den Begriff der Europäischen Armee auf. In einem Interview mit der Bild-Zeitung am 22.03.2007 formulierte sie:

> „Wir müssen einer gemeinsamen europäischen Armee näher kommen. Die EU-Kommission wird handlungsfähiger werden, und zwar mit klar geregelten Zuständigkeiten".

Allerdings werde es auch in 50 Jahren noch die „Vielfalt der Nationalstaaten geben" (Bild – Merkel 2007).

Noch dezidierter forderte der belgische Regierungschef Guy Verhofstadt kurz vor dem G 8-Gipfel in Deutschland die Einführung einer EU-Armee. Seine These lautete:

> „Eine europäische Armee aus 100.000 Soldaten würde die europäische Verteidigungsbereitschaft deutlich verbessern und die NATO stärken."

Zudem würde eine EU-Armee Kosten sparen, weil die ineffiziente Aufteilung der Union in nationale Verteidigungsmärkte endlich überwunden würde (NTV – Belgischer Vorschlag 2007).

Auch im nächsten Jahrzehnt tauchte das Thema immer wieder in verschiedenen programmatischen Erklärungen auf. So forderte Kommissionspräsident Jean Claude Juncker nach der Annektion der Ukraine durch Russland eine Europäische Armee.

> „Eine solche Armee würde uns helfen, eine gemeinsame Außen- und Sicherheitspolitik zu gestalten und gemeinsam die Verantwortung Europas in der Welt wahrzunehmen".

Mit einer eigenen Armee könne Europa glaubwürdig auf eine Bedrohung des Friedens in einem Mitgliedsland oder in einem EU-Nachbarland reagieren. So könne man Russland den Eindruck vermitteln, „dass wir es ernst meinen mit der Verteidigung der Werte der Europäischen Union" (Balzli et al. 2015).

Dieser Vorstoß erhielt auch von deutschen Politikern Unterstützung. Der Vorsitzende des Auswärtigen Ausschusses im Deutschen Bundestag, Norbert Röttgen (CDU), sekundierte: „Eine gemeinsame Armee ist eine europäische Vision, deren Zeit gekommen ist". Und auch der Vorsitzende des Verteidigungsausschusses, Hans-Peter Bartels (SPD), stützte den Kommissionspräsidenten und erklärte:

> „Deshalb begrüße ich den Vorstoß Junckers. Wichtig ist, dass wir nun zügig konkrete Maßnahmen umsetzen. Wir sollten nicht auf ein Gesamtkonzept aller 28 EU-Mitglieder warten, sondern mit Vereinbarungen zwischen den Nationalstaaten beginnen" (ebenda).

Auf die aktuellen Äußerungen europäischer Spitzenpolitiker in den Jahren 2018 und 2019 wurde am Anfang dieses Kapitels eingegangen.

Dieser „Überflug" über politische Aussagen zum Begriff der Europäischen Armee bzw. den Varianten des Begriffs hat eines gezeigt, dass mit Ausnahme des Pleven-Plans, dessen Inhalte im Entwurf des EVG-Vertrages präzisiert worden waren, alle danach verwendeten Begriffsvarianten – Armee der Europäer, Armee der EU, EU-Armee – eines gemeinsam haben: ihre Inhalte bzw. Voraussetzungen werden nur angedeutet bzw. bleiben weitgehend im Unklaren.

Im Folgenden soll kurz auf das Rational einer Europäischen Armee bzw. einer engeren Zusammenarbeit der Armeen in Europa eingegangen werden, ehe nach einer Systematisierung der Begriffe Inhalte, Voraussetzungen und Realisierungschancen der Varianten erörtert werden.

# Rational für eine Europäische Armee bzw. enge militärische Zusammenarbeit in Europa

**2**

Was spricht für eine Europäische Armee bzw. eine engere militärische Zusammenarbeit in Europa? Die Zielsetzung der ersten Idee, des Pleven Plans, war aus der damaligen Zeit zu erklären und hat heute nur noch eine historische Bedeutung: es ging darum, wenige Jahre nach Ende des Zweiten Weltkriegs einen deutschen Militärbeitrag einzuhegen, konkret, eine deutsche Nationalarmee mit eigenem Verteidigungsministerium und Generalstab zu verhindern und die Deutschen von der NATO fernzuhalten (Seiller 2018, S. 36). Heute liegt die Motivation auf zwei anderen Feldern. Diese sind zum ersten die geringe Effektivität, die die europäischen Staaten mit ihren Verteidigungsausgaben im Vergleich zu anderen erreichen, zum zweiten die sicherheitspolitische Bedeutung einer Integration bzw. engen Kooperation.

Zunächst zur geringen Effektivität: Die 28 EU-Staaten (EU28) gaben 2017 die Gesamtsumme von 300 Mrd. US$ für Zwecke der Verteidigung aus. Das war knapp die Hälfte der 618 Mrd. US$, die die USA für ihr Militär aufwendeten (NATO 2018, S. 5). Mit dieser Summe sind die Verteidigungsausgaben der EU 28 die zweithöchsten der Welt. Die EU-Mitgliedsstaaten unterhielten 2014 Armeen im Umfang von rund 1,5 Mio. Soldaten und damit mehr als die USA mit rund 1,4 Mio. Soldaten. Allerdings ist die EU trotz dieser vordergründig eindrucksvollen Zahlen weit davon entfernt, die zweitgrößte Militärmacht der Welt zu sein. Der Grund dafür liegt in ineffizienter Mittelverwendung und mangelnder Interoperabilität[1] der nationalen Streitkräfte (EPSC 2015, S. 3).

---

[1]Interoperabilität bezeichnet die Befähigung von Streitkräften zur Zusammenarbeit im multinationalen Rahmen. Sie betrifft sicherheitspolitische ebenso wie militärstrategische und technische Aspekte. Ihre Auswirkungen erstrecken sich über sämtliche militärischen Handlungsfelder (Mäder 2019).

© Springer Fachmedien Wiesbaden GmbH, ein Teil von Springer Nature 2019
U. von Krause, *Die Bundeswehr als Teil einer Europäischen Armee,* essentials,
https://doi.org/10.1007/978-3-658-28165-6_2

Ein erster Grund für die geringe Effizienz ist dabei in erheblichem Maße eine mangelhafte Abstimmung zwischen den Bündnispartnern. Diese führt zu einer Duplizierung von Fähigkeiten in bestimmten Bereichen. So gibt es ein Überangebot an Infanteriekräften, wohingegen Schlüsselfähigkeiten, wie sie heutzutage primär benötigt werden, nicht in ausreichendem Maße zur Verfügung stehen. Solche Schlüsselfähigkeiten sind z. B. Luftbetankung, strategischer Lufttransport, moderne Munition, Überwachung, Aufklärung und elektronische Kriegführung sowie integrierte Abwehr von ABC-Kampfmitteln (von Krause 2015, S. 8).

Ein weiteres gravierendes Problem ist die Typenvielfalt bei militärischem Gerät in der EU 28, die die Interoperabilität stark behindert. 27 größeren Waffensystemen der USA stehen 154 entsprechende Systeme der EU gegenüber, darunter neun Typen von Kampfpanzern (USA) gegenüber 37 (EU), vier Typen von Tankflugzeugen (USA) gegenüber zwölf (EU), und elf Kampfflugzeugtypen (USA) gegenüber 19 (EU) (EPSC 2015, S. 5).[2]

Weiterhin kommt es in der EU zu erhöhten Kosten und damit ineffizientem Mitteleinsatz, weil Beschaffungen für das Militär überwiegend national erfolgen. So wurden z. B. 2013 84 % der Ausrüstung auf nationaler Ebene beschafft, sodass viele Einsparungspotentiale, die über größere Bestellmengen generierbar wären, ungenutzt blieben (EPSC 2015, S. 3). Kommissionpräsident Juncker bezifferte die Zusatzkosten aufgrund der „Kleinstaaterei in Verteidigungsfragen" mit jährlich 25 Mrd. € (zit. nach Bartels 2017, S. 41).

Aufgrund solcher Faktoren kommt eine Studie aus dem Jahr 2013 zu dem niederschmetternden Ergebnis, dass Europa mit der Hälfte der Militärausgaben der USA nur ein Zehntel des amerikanischen Fähigkeitsniveaus erreiche (EPSC 2015, S. 4).

Neben dem – sicher gewichtigen – Argument der Ressourceneffizienz sind eine fortschreitende militärische Integration bzw. Zusammenarbeit auch für die Weiterentwicklung des „Projektes Europa" von Bedeutung, und damit verbunden für die Entwicklung Europas zu einem eigenständigen und ernst zu nehmenden sicherheitspolitischen Akteur – insbesondere angesichts der Trump'schen Politik der Entfremdung von der NATO (Bartels 2017, S 41). Der Schlüsselbegriff, den der Europäische Rat hierzu geprägt hat, lautet „Strategische Autonomie".[3]

---

[2]Eine Analyse der Münchener Sicherheitskonferenz ergab davon abweichende Zahlen, die jedoch den gleichen Trend zeigen (Fischer und Riedel 2018).

[3]Strategische Autonomie ist „die Fähigkeit, selbst außen- und sicherheitspolitische Prioritäten zu setzen und Entscheidungen zu treffen, sowie die institutionellen, politischen und materiellen Voraussetzungen, um diese in Kooperation mit Dritten oder, falls nötig, eigenständig umzusetzen" (Lippert et al. 2019, S. 5).

Allerdings stellt sich in diesem Zusammenhang die Frage, ob militärische Integration als Treiber oder als Schlusspunkt einer vereinheitlichten Außen- und Sicherheitspolitik zu sehen ist. Im Zusammenhang mit der Einführung des Euro wurden die Begriffe „Lokomotiv-" und „Krönungstheorie" geprägt.[4] Die ernüchternden Erfahrungen mit der Euroeinführung nach der Lokomotivtheorie mahnen zur Vorsicht. Ohne ein hinreichendes Maß an harmonisierter Außen- und Sicherheitspolitik kann militärische Integration sich als dysfunktional erweisen.

---

[4]Lokomotivtheorie: rasche Einführung der gemeinsamen Währung (hier: der militärischen Integration), um die Vertiefung der Integration zu beschleunigen. Krönungstheorie: die gemeinsame Währung (hier: die militärische Integration) soll die Krönung der europäischen Integration sein und erst im Anschluss an eine vereinheitliche Wirtschafts- und Finanzpolitik (hier: an eine vereinheitlichte Außen- und Sicherheitspolitik) verwirklicht werden (Ebert et al. 2015).

# Systematisierung von Varianten militärischer Zusammenarbeit und Voraussetzungen für ihre Realisierung

**3**

Ehe in den nachfolgenden Kapiteln verschiedene Varianten militärischer Zusammenarbeit in Europa skizziert und bewertet werden, sollen sie hier in einem Überblick systematisiert werden.

Welche Form militärischer Integration in Europa gewählt werden soll, hängt davon ab, welche Perspektive der Zukunft der EU man zugrunde legt. Eine solche Frage knüpft daran an, dass im europäischen Einigungsprozess niemals ein Konsens über die Zielvorstellung erreicht wurde, wie das „Gebilde" EU (bzw. die Vorläuferorganisationen) letztendlich aussehen solle. Die gegensätzlichen Pole der Diskussion sind dabei durch die Schlagworte „Bundesstaat" und „Europa der Vaterländer" gekennzeichnet.[1]

Vertreter einer „föderalistischen Perspektive" plädieren für eine immer engere Verzahnung und Integration sicherheits- und verteidigungspolitischer Kapazitäten und Entscheidungskompetenzen bis hin zur Schaffung einer Europäischen Armee. Aus einer „staatszentrierten Perspektive" erscheint dieses als der falsche Weg. Die Europäische Union – so die Argumentation – sei und bleibe ein Verbund demokratischer Staaten. Deshalb sei zwar eine vertiefte sicherheitspolitische Kooperation anzustreben. Dabei müssten aber die Selbstbestimmungs- und Selbstgestaltungsansprüche der Mitgliedsstaaten gewahrt bleiben, auch wenn

---

[1]Die Entscheidung über diese Frage hatte man bewusst ausgeklammert, damit die Integration nicht aufgrund von Meinungsverschiedenheiten über das Langfristziel zum Stillstand gekommen wäre. Man spricht von der offenen „Finalitätsdebatte" (Dossi 2019, S. 1). In der Realität ist die EU heute als ein „Sui-Generis-Gebilde" zu qualifizieren (von Krause 2008, S. 13).

© Springer Fachmedien Wiesbaden GmbH, ein Teil von Springer Nature 2019   11
U. von Krause, *Die Bundeswehr als Teil einer Europäischen Armee*, essentials,
https://doi.org/10.1007/978-3-658-28165-6_3

dadurch Abstriche bei der europäischen Handlungsfähigkeit in Kauf zu nehmen wären (Dembinski und Peters 2018, S. I).

Legt man diese beiden Perspektiven zugrunde, dann kann man folgende Varianten der militärischen Zusammenarbeit in Europa beschreiben:

- eine vergemeinschaftete „Europäische Armee" (bzw. „EU-Armee"), entweder in toto – analog dem EVG-Gedanken – oder zusätzlich zu bzw. neben den nationalen Armeen (Dupuis 2017). Dabei werden die nationalen Armeen bzw. ein aufzustellendes europäisches Armeekontingent in eine größere europäische Armee eingebracht und unterstehen der Entscheidungskompetenz und Führung von EU-Organen.
- eine intergouvernementale „Armee der Europäer" bzw. „Armee der EU" als Allianz von nationalen Armeen bzw. Segmenten nationaler Armeen, die mehr oder weniger zusammenwachsen. Dabei wären die Partner bei einer Armee der EU nur Mitgliedstaaten, bei einer Armee der Europäer könnten dieses auch Nichtmitglieder sein.[2] Bei derartigen Strukturen verbleiben die Truppen unter nationaler Entscheidungs- und Befehlsgewalt, können jedoch fallweise für bestimmte Einsätze in ihrer Gesamtheit einer zwischenstaatlichen Behörde unterstehen und von EU-Hauptquartieren geführt werden.

Beide Formen der militärischen Integration bzw. Zusammenarbeit erfordern bestimmte Voraussetzungen, die in unterschiedlichem Maße gegeben sein können. Diese sind:

1. Gemeinsames Verständnis der Sicherheits- und Verteidigungspolitik,
2. Entscheidungskompetenz bei der Gemeinschaft (Mehrheitsentscheidungen in Gemeinschaftsorganen), was die Übertragung von Souveränitätsrechten von den Nationalstaaten auf die EU erfordert,
3. gemeinsames Militär mit gemeinsamer europäischer „Militärkultur",
4. gemeinsame Rüstung und
5. harmonisiertes Recht, und zwar sowohl „nach innen" – z. B. Dienstrecht, Besoldungsrecht, Laufbahnrecht usw. – als auch „nach außen" (rechtliche Bestimmungen zu Einsatzentscheidungen).

---

[2]Alternativ wurden auch die Begriffe „Armee der Willigen" (Fischer und Riedel 2018) bzw. „EU-Plus-Gleichgesinnte" geprägt (Lippert et al. 2019, S. 41).

In den beiden nächsten Kapiteln sollen die verschiedenen Varianten der Integration bzw. Zusammenarbeit skizziert und es soll bewertet werden, inwieweit diese Voraussetzungen erfüllt sind bzw. welche Realisierungschancen für die jeweilige Variante gegeben sind.

Da die EVG niemals realisiert worden ist, gibt es für den Typus einer Europäischen Armee keine reale Konkretisierung. Näherungsweise kann man aber einige Merkmale einer solchen vergemeinschafteten Armee am „Modell" eines Verbandes des nordatlantischen Bündnisses sehen, der NATO-Frühwarnflotte AWACS.[1] Näherungsweise deshalb, weil das Merkmal der Souveränitätsübertragung durch die Mitgliedstaaten an die NATO für diesen Verband nicht erfüllt ist.

Der AWACS-Verband untersteht keinem nationalen Kommando, sondern dem Obersten NATO-Befehlshaber in Europa (SACEUR). Die Soldaten des Verbandes kommen aus 16 NATO-Staaten und arbeiten multinational zusammen, wobei der deutsche Anteil rund ein Drittel beträgt. Auch die Flugzeuge starten mit gemischten Besatzungen (von Krause 2015, S. 6). Aufgrund dieser tiefgehenden Integration sind die teilnehmenden Nationen stark voneinander abhängig. Dabei hat sich als kritisch erwiesen, dass die Einsatzentscheidungen national verblieben sind. Das wurde sehr deutlich, als Deutschland im Januar 2011 das Ersuchen der NATO zurückwies, sich mit deutschem Personal an einem AWACS-Einsatz in Afghanistan zu beteiligen. Im März des gleichen Jahres zog Deutschland – nach dem Luftkrieg über Libyen – auch seinen Anteil aus den AWACS zurück, die über dem Mittelmeer operierten. Diese sollten eine Flugverbotszone über Libyen durchsetzen, die Bundesregierung hatte jedoch entschieden, sich nicht an den Libyeneinsätzen zu beteiligen. Damit geriet der NATO-Verband an die Grenze seiner Durchhaltefähigkeit[2] (ebenda, S. 11 f.).

---

[1]Airborne Early Warning and Control System.

[2]Quasi als „Kompensation" für die Nichtteilnahme an der Überwachung des libyschen Luftraums beschloss die Bundesregierung schließlich, sich doch an der AWACS-Mission über Afghanistan zu beteiligen (von Krause 2015, S. 12).

© Springer Fachmedien Wiesbaden GmbH, ein Teil von Springer Nature 2019

15

U. von Krause, *Die Bundeswehr als Teil einer Europäischen Armee*, essentials,
https://doi.org/10.1007/978-3-658-28165-6_4

Aus diesen Überlegungen kann man folgende Schlüsse zu den notwendigen Voraussetzungen ableiten:

## 4.1  Gemeinsames Verständnis der Sicherheits- und Verteidigungspolitik

Bewertet man das bisher Erreichte beim Verständnis der EU-Mitgliedstaaten zur bzw. von der Sicherheits- und Verteidigungspolitik, so findet man Licht und Schatten. Positiv ist zu vermerken, dass mit den diversen Initiativen der letzten Jahre (z. B. Verankerung der GSVP in den europäischen Verträgen, Erarbeitung einer Global Strategy) zumindest ein institutioneller Rahmen für eine schrittweise Harmonisierung der sicherheitspolitischen Vorstellungen erreicht wurde. Allerdings ergeben sich nicht zuletzt aus einer mehr globalen Perspektive Frankreichs und Großbritanniens und ihrer Rolle als Nuklearmächte und der deutschen „Kultur der Zurückhaltung" unterschiedliche Interessen, die einer völligen Angleichung auf Dauer im Wege stehen dürften. Von daher erscheint die Bedeutung wiederholter Absichtserklärungen für die praktische Politik begrenzt. Auch wenn in diversen Beschlüssen des Europäischen Rates regelmäßig die Notwendigkeit unterstrichen wird, Kohärenz und Abstimmung der GSVP zu verbessern, um deren Wirksamkeit zu steigern,[3] so ist die Realität „meilenweit" davon entfernt. Die EU spricht bei internationalen Krisen mitnichten mit einer Stimme, nämlich der der Hohen Vertreterin der EU für Außen- und Sicherheitspolitik. Vielmehr sind es die Außenminister der Mitgliedstaaten, die durch die Welt reisen und ihre z. T. unterschiedlichen Positionen einbringen. Insofern ist Kritikern zuzustimmen, wenn sie feststellen:

> „In der Praxis gelingt es nur bruchstückhaft, das auswärtige Handeln der Union unter Leitung der Hohen Vertreterin für Außen- und Sicherheitspolitik zusammenzuführen" (Lippert et al. 2019, S. 9).

Und es spricht z. Z. überhaupt nichts dafür, dass sich an diesem Sachverhalt etwas ändert, so dass diese Voraussetzung für eine Europäische Armee auf absehbare Zeit nicht erfüllt sein dürfte.

---

[3]Zuletzt auf der Sitzung des Rates „Auswärtige Angelegenheiten" vom 17.06.2019 (EU-Rat 2019).

## 4.2  Entscheidungskompetenzen der Gemeinschaft – Souveränitätsverzicht

Seit dem Vertrag von Maastricht, in dem die GSVP erstmals in einem Vertrag der Gemeinschaft begründet wurde, ist die Beschlussfassung in diesem Politikbereich auf Einstimmigkeit ausgelegt (Art. 42, Abs. 4 EU-Vertrag). An diesem Erfordernis hat sich auch durch den Lissabon-Vertrag nichts geändert. Damit ist in der GSVP keine Übertragung von Souveränitätsrechten von den Mitgliedstaaten auf die Organe der Gemeinschaft erfolgt. Und es sind keinerlei Anzeichen erkennbar, dass sich hieran etwas ändern könnte. Die Hohe Vertreterin, Federica Mogherini, beklagte im November 2016 nach den Juncker-Vorschlägen explizit, dass die Mitgliedstaaten nicht bereit seien, weitere Souveränitätsrechte abzutreten, um eine Europäische Armee mit einem gemeinsamen Budget und Institutionen zum Schutz der gemeinsamen Außengrenzen aufzubauen (Reiterer 2017, S. 12). Solange sich hieran nichts ändert, hat ein Projekt Europäische Armee im Sinne einer EVG keine Realisierungschance.

## 4.3  Gemeinsames Militär mit einer europäischen „Militärkultur"

Internationale Durchmischung von Stäben – allerdings vorrangig solchen der NATO, da die EU, mit Ausnahme des EU-Militärstabs, noch nicht über derartige Stäbe verfügt – gehört seit Jahrzehnten zum Alltag europäischer Armeen. Daneben gibt es auch vereinzelte multinationale Truppenteile, nicht als Teil der EU, sondern aufgrund nationaler Entscheidungen.

Als ein „Leuchtturmprojekt" wird dabei die deutsch-französische Brigade gesehen, die seit 1989 im Dienst ist. 2018 titelte ein Focus-Bericht euphorisch:

> „Deutsch-französische Brigade zeigt schon jetzt, wie Europa-Armee funktionieren kann" (Lang 2018).[4]

---

[4]Aber auch hier ist die Realität deutlich anders. So zeigt der gleiche Bericht auf, dass die Brigade 2018 „gemeinsam" in einen Auslandseinsatz in Mali geht. Allerdings bedeutet gemeinsam in dem Fall, dass die französischen Soldaten in den Kampfeinsatz „Barkhane" in der Sahel-Zone gehen, wohingegen die deutschen Soldaten Teil der UN-Ausbildungsmission MINUSMA sind.

Daher soll im Folgenden etwas näher auf Unterschiede bzw. Gemeinsamkeiten der „Militärkultur"[5] bei dieser Brigade eingegangen werden.

Die Brigade wird – so die offizielle Darstellung auf der Homepage des deutschen Heeres – als „Werkbank" für vertiefte Streitkräfteintegration betrachtet. Sie hat danach.

> „die binationale Zusammenarbeit ständig zu praktizieren, zu pflegen und zu intensivieren, … einen Beitrag zur Freundschaft und zur Erhaltung des erreichten Vertrauens durch die Entwicklung gemeinsamer Grundsätze, Verfahren und Regelungen zu leisten und zur Verbesserung der militärischen Effizienz durch Harmonisierung von Verfahren, Standardisierung und Interoperabilität beizutragen" (Deutsches Heer 2019).

Brigadestab und Versorgungsbataillon in Müllheim/Baden-Württemberg sind bis in die Teileinheiten hinein deutsch-französisch gemischt und werden wechselweise von einem deutschen oder einem französischen Kommandeur geführt. Dem Brigadestab unterstehen neben dem Versorgungsbataillon drei in Deutschland und drei in Frankreich stationierte Bataillone, deren Personal rein national ist[6] (ebenda).

In einer Untersuchung von 2005 wurde die Zusammenarbeit im täglichen Dienst analysiert. Ein Ergebnis war die Beschreibung gravierender und wohl auch heute noch relevanter Unterschiede bzw. Probleme:

- Während die französischen Streitkräfte über eine durch Generationen gewachsene Tradition verfügen, ringt die Bundeswehr noch um ihr Traditionsverständnis (wie auch die Diskussion um einen neuen Traditionserlass 2018 zeigte).
- Unterschiede gibt es in der Rekrutierungspraxis für Offiziere und Unteroffiziere sowie im Integrationsgrad von Frauen.
- Besonders die Unterschiede im Disziplinar- und Beschwerderecht entfalten eine „dauerhaft kontraproduktive Wirkung auf das innere Klima".

---

[5]Militärkulturen bilden einen „Orientierungsrahmen, der den … Soldaten über ein gemeinsames Set von Werteüberzeugungen, Normen und Regeln, Traditionen und Ritualen ermöglicht, sich in einer sozialen Gruppe selbst zu verorten – sich zugleich aber auch von Gruppen anderer sozialer Prägung abzugrenzen" (Gareis 2011, S. 460 ff.).

[6]Eines der in Frankreich stationierten Bataillone, das Jägerbataillon 291 in Illkirch-Graffenstaden, ist ein „deutsches".

- Und den deutschen Beteiligungsrechten steht auf französischer Seite nichts Vergleichbares gegenüber.
- Wegen eines fundamentalen Unterschieds in den Führungsgrundsätzen (deutsch: Auftragstaktik; französisch: Befehlstaktik) durchlaufen Offiziere und Unteroffiziere „völlig verschiedene militärische Sozialisationsprozesse, in denen auch unterschiedliche Menschenbilder entstanden sind" (Fröhling 2005, S. 119 ff.).

Wenn schon das „Modell" deutsch-französische Brigade mit Blick auf die „Militärkultur" so gravierende Unterschiede aufweist, dann ist die Erwartung nicht realistisch, diese kulturellen Unterschiede in einem noch größeren Rahmen einer Europäischen Armee in absehbarer Zeit hinreichend zu harmonisieren. Das gilt insbesondere, wenn die Bundeswehr die Grundprinzipien der Inneren Führung als „unverzichtbare Konstanten" betrachtet (Schaprian 2018, S. 165 f.).

## 4.4  Gemeinsame Rüstung

Bei der Darstellung der Gründe für eine engere militärische Zusammenarbeit war bereits plakativ verdeutlicht worden, dass die militärischen Beschaffungen der EU-Mitgliedstaaten überwiegend national erfolgen. 2004 wurde ein Organisationselement zur Verbesserung der Rüstungszusammenarbeit zwischen den EU-Mitgliedstaaten errichtet, die European Defence Agency (EDA). Diese konnte jedoch bisher an dem Zustand der Zersplitterung von Rüstungsbeschaffungen nicht viel ändern. Gemessen an den Rüstungsausgaben der Mitglieder fristet die EDA ein Schattendasein. Ihr Budget betrug 2017 lediglich etwas mehr als 30 Mio. € und ließ in den letzten sieben Jahren signifikante Steigerungen vermissen, weil die dafür notwendige Einstimmigkeit zwischen den Mitgliedstaaten nicht erzielt werden konnte (von Wegerer 2018, S. 102). Ob die Bedeutung der EDA in der Zukunft zunimmt, hängt nicht zuletzt davon ab, inwieweit neue Initiativen, wie der Europäische Verteidigungsfond („European Defence Fund" – EDF, s. nächstes Kapitel), aber auch Großprojekte außerhalb der EDA, z. B. die vereinbarte gemeinsame Entwicklung eines europäischen Kampfflugzeugs (Future Combat Aircraft System – FCAS) (Hegmann 2019), erfolgreich verlaufen.

Hinzu kommen höchst unterschiedliche Vorstellungen der Mitgliedstaaten zu Rüstungsexporten. Ein Vorwurf dabei lautet, Deutschland verfolge eine sehr restriktive Rüstungsexportpolitik, die sich an hohen moralischen Zielen orientiere und durch innenpolitische Einflüsse „teilweise erratische Politikwechsel" aufweise. Die Bundesregierung isoliere sich dabei mit ihrer Rüstungsexportpolitik sowohl in Europa als auch international (Krause 2019, S. 3). Derartige Unterschiede in der Rüstungskontrollpolitik erschweren die Rüstungskooperation mit europäischen Partnern, insbesondere mit Frankreich und Großbritannien (ebenda, S. 5). Die französische Botschafterin in Berlin kritisiert die „Unvorhersehbarkeit der deutschen Politik zu Ausfuhrkontrollen". Diese führe inzwischen dazu, dass immer mehr Unternehmen sich für „German-free"-Strategien entschieden, um so Ausrüstung ohne signifikante deutsche Komponenten produzieren zu können. So werde die Entstehung hinreichend großer Märkte für kostenintensive Rüstungsvorhaben verhindert, ohne die eine effiziente europäische Rüstungsindustrie nicht existieren könne (Descôtes 2019, S. 1 f.). Damit ist die Rüstungsexportpolitik neben dem Interesse der Mitgliedstaaten, ihre nationale Rüstungsindustrie zu schützen, ein weiteres Hindernis auf dem Weg zu mehr Kooperation bei Ausrüstung und Beschaffung. Daher wird – allen wohlklingenden Erklärungen zum Trotz – eine umfassendere gemeinsame Rüstung als Voraussetzung für eine Europäische Armee so schnell nicht erreichbar sein.

## 4.5    Harmonisiertes Recht

Das am Anfang des Kapitels skizzierte Fallbeispiel der deutsch-französischen Brigade hat gezeigt, dass die Unterschiede zwischen den nationalen Armeen im Wehrrecht (Disziplinar- und Beschwerderecht, Beteiligungsrechte, Besoldungsrecht), und Laufbahnrecht so erheblich sind, dass eine Harmonisierung als wenig realistisch erscheint.

Noch problematischer sind die unterschiedlichen Verfassungsnormen in den Mitgliedstaaten, die den Einsatz der Streitkräfte regeln. Dabei hat Deutschland die restriktivsten Bestimmungen in der EU. Nach dem Parlamentsbeteiligungsgesetz (ParlBG, § 1) bedürfen alle Einsätze bewaffneter deutscher Streitkräfte außerhalb des Geltungsbereichs des Grundgesetzes (GG) der – grundsätzlich vorherigen – Zustimmung des Bundestages, unabhängig von Art, Intensität, Umfang und Bedeutung. Lediglich bei Einsätzen von „geringer Intensität und Tragweite" ist ein vereinfachtes Verfahren vorgesehen (§ 4). Für „Einsätze bei Gefahr im Verzuge, die keinen Aufschub dulden", sieht das ParlBG die Möglichkeit einer nachträglichen Zustimmung vor (§ 5).

Dieses Zustimmungsverfahren benötigt Zeit. Sollen Teile einer Europäischen Armee innerhalb weniger Tage verlegefähig sein – analog den EU Battle Groups, die im nächsten Kapitel behandelt werden – erscheint das deutsche Verfahren praxisfern. 2014 unternahm der Deutsche Bundestag den Versuch, praktikable Wege der Parlamentsbeteiligung in Zeiten fortschreitender internationaler Zusammenarbeit zu finden. Die dazu gebildete Kommission („Rühe-Kommission") legte 2015 ihren Abschlussbericht vor (Bundestag 18/5000 2015, S. 20 f.). Allerdings griff dieser Bericht Vorschläge für „Vorratsbeschlüsse" bzw. „Vorabermächtigungen" nicht auf, wie sie in der politischen und wissenschaftlichen Diskussion zu finden waren (für einen Überblick von Krause 2015, S. 12, 21 f.). Vielmehr wurde mit der apodiktischen Feststellung „Der für die Parlamentsbeteiligung notwendige Zeitaufwand führt zu keinen Einschränkungen der gesicherten Verfügbarkeit von multilateralen Verbundfähigkeiten" das Problem kurzer Reaktionszeiten „wegdefiniert" (Bundestag 18/5000 2015, S. 20). Der Bericht führte auch zu einem Gesetzesentwurf, der jedoch nach erster Lesung in den Schubladen verschwand. Es wurde offenkundig, dass der Deutsche Bundestag eine Weiterentwicklung des ParlBG nicht will.

Damit ist und bleibt Deutschland das einzige Land in der EU, bei dem die parlamentarische Zustimmung erst zu einem Zeitpunkt eingeholt werden kann, an dem bereits entscheidende Vorfestlegungen hinsichtlich der einzusetzenden militärischen Kontingente getroffen worden sein müssten. Das dürfte sich bei kurzen Bereitstellungszeiten von Kontingenten als äußerst problematisch erweisen. Im Unterschied zu Deutschland haben die anderen EU-Mitgliedstaaten entweder keine Parlamentsbeteiligung oder es gibt bei ihnen Ausnahmeregelungen für schnelle Eingreiftruppen (Gutmann 2018, S. 138 ff.).

Die Frage ist, ob sich an dieser deutschen Sonderrolle überhaupt etwas verändern ließe. Hier gibt es sehr deutliche Antworten von Verfassungsrechtlern. So wird aus der Entscheidung des Bundesverfassungsgerichts (BVerfG) zum Lissabon-Vertrag gefolgert, dass ein Zugriff der Union auf deutsche Streitkräfte eine Änderung des GG voraussetze. Eine Armee unter europäischem Kommando wäre erst in einem europäischen Bundesstaat möglich. Und für den Beitritt Deutschlands zu einem solchen Bundesstaat hielte das BVerfG nicht nur eine Änderung der GG für erforderlich, sondern eine „Verfassungsneuschöpfung, mit der ein erklärter Verzicht auf die vom Grundgesetz gesicherte staatliche Souveränität einherginge" (Weingärtner 2018, S. 155). Ein anderer Verfassungsrechtler kommt zu einem ähnlichen Ergebnis:

> „Aus alledem folgt, dass eine Europa-Armee, die voll an die Stelle der Bundeswehr träte … verfassungsrechtlich ausgeschlossen ist. …Die Schaffung einer Europa-Armee unter Einschluss deutscher Streitkräfte ist demgemäß *verfassungsrechtlich nur eingeschränkt* möglich. Diese verfassungsrechtlichen Einschränkungen können auch nicht im Wege einer Verfassungsänderung überwunden werden" (Scholz 2011, S. 159 f., Kursivschrift im Original).

Dieses führt zu dem drastischen Schluss:

> „Nicht nur angesichts der gegenwärtigen politischen Gegebenheiten, sondern vor allem angesichts der verfassungsmäßigen Vorgaben des Grundgesetzes macht es keinen Sinn, von einer Europäischen Armee zu träumen" (Weingärtner 2018, S. 159).

## 4.6    Zwischenfazit

Die Diskussion hat gezeigt, dass alle angesprochenen Voraussetzungen für eine Europäische Armee derzeit nicht erfüllt sind. Es ist auch nicht absehbar, dass sich hieran etwas ändern könnte. Ein besonderes Problem stellen dabei die verfassungsrechtlichen Vorgaben in Deutschland dar. Diese schließen eine Europäische Armee, in der die Bundeswehr vollständig aufginge, aus. Und eine Europäische Armee, die neben der Bundeswehr stünde und EU-Entscheidungen unterworfen wäre, stieße – bezogen auf die Integration deutscher Streitkräfte – auf erhebliche verfassungsrechtliche Probleme.

# Intergouvernementale „Armee der Europäer"/„Armee der EU"/„Armee der Willigen" 5

Die Analyse der Voraussetzungen für eine Europäische Armee erfolgte weitgehend abstrakt, da nach dem Scheitern der EVG keine Konkretisierung der Idee erfolgte. Im Gegensatz dazu kann die Analyse der unterschiedlichen Formen einer intergouvernementalen Armee der Europäer (bzw. Varianten davon) anhand von realisierten bzw. in der Realisierung befindlichen Projekten erfolgen. Dabei sollen als Kriterien die gleichen Voraussetzungen zugrunde gelegt werden wie bei der Europäischen Armee.

Zunächst werden ältere Projekte diskutiert, wie die EU Battlegroups als Beispiel für temporäre gemischte Verbände. Danach folgt der Blick auf Modelle der Zusammenarbeit in bi- bzw. multinationalen Strukturen, wie sie für das Prinzip „Pooling and Sharing" charakteristisch sind. Und schließlich sollen die jüngsten Ansätze einer institutionalisierten Kooperation betrachtet werden, für die vor allem der Begriff „Permanente Strukturierte Zusammenarbeit" (Permanent Structured Cooperation – PESCO) steht. Und im Abschlusskapitel soll kurz auf die möglichen Folgen für das Verhältnis zwischen europäischen NATO-Partnern und den USA eingegangen werden, die aus einer Armee der Europäer entstehen können.

## 5.1 Temporäre gemischte Verbände (EU Battle Groups)

Es hat in der EU immer wieder Versuche gegeben, militärische Handlungsfähigkeit zu demonstrieren. Dieses gelang aber bisher nur bei Trainings- und Beobachtermissionen. Bei militärischen Kriseninterventionen war die Union hingegen nicht erfolgreich, weil zu wenige Staaten bereit waren, Truppen zu stellen oder weil die Entscheidungsprozesse zu langsam verliefen (Dembinski et al. 2019, S. 5).

© Springer Fachmedien Wiesbaden GmbH, ein Teil von Springer Nature 2019
U. von Krause, *Die Bundeswehr als Teil einer Europäischen Armee*, essentials,
https://doi.org/10.1007/978-3-658-28165-6_5

2004 wurde ein (erneuter) Versuch gestartet, das zu ändern. Im Streitkräfteziel (Headline Goal 2010) vereinbarten die Mitglieder die Aufstellung von „EU-Battlegroups". Diese sind temporäre Verbände zur schnellen militärischen Krisenreaktion, die – i. d. R. multinational zusammengesetzt – über alle Elemente für einen selbstständigen Krisenreaktionseinsatz verfügen (Kampf-, Kampfunterstützungs- und Unterstützungskräfte). Sie haben eine Stärke von ca. 1500 Soldaten und sollen nach den politischen Entscheidungen innerhalb von fünf Tagen verlegefähig sein.

Das Battlegroup-Konzept betont in diesem Zusammenhang die Notwendigkeit, dass bei Einsatzentscheidungen für die Battlegroups nicht nur die EU-Organe eine hohe Bereitschaft an den Tag legen müssen, sondern dass auch.

> „the national decision-making processes need to be synchronised to meet the demanding timelines" (EU External Action 2013, S. 2).

Die schnellen Eingreifkomponenten werden von den Mitgliedern für einen Zeitraum von sechs Monaten angemeldet und nach Standards, die die Union vorgibt, trainiert und national zertifiziert. Damit tragen sie – unabhängig davon, ob sie zum Einsatz kommen oder nicht – zur verbesserten Zusammenarbeit von Streitkräften in multinationalen Strukturen bei (ebenda, S. 1 ff.).

Die Bewertung der Battlegroups fällt unterschiedlich aus, je nachdem, ob man eine politische oder militärische Perspektive wählt. Politisch sind sie

> „das bedeutsamste Beispiel für die Bereitschaft und Fähigkeit der EU-Staaten, im Verteidigungsbereich zusammenzuarbeiten. Sie sind ein genuin europäisches Projekt und zeigen, wie die Aufstellung permanent bereitstehender Verbände gelingen kann" (Major und Mölling 2010, S. 6).

Anders hingegen die militärische Bewertung. Zwar standen seit 2007 trotz der kurzen Stehzeit von sechs Monaten immer Battlegroups bereit, meistens multinational, in einigen Fällen auch nur durch eine Nation gestellt, aber sie waren bisher bedeutungslos.

> „Auf dem Papier gibt es diese Truppe zwar, aber eingesetzt worden ist sie noch nie. … Entweder war der Anlass nicht passend oder man war sich nicht einig" (Deutscher Bundestag 2014, S. 18).

Selbst für den Einsatz in Mali wurden sie nicht angefordert, obwohl der Schutz eines Staates vor der Übernahme durch Terroristen exakt in ihr Trainingsprofil passt (ebenda, S. 19). Dass die Battlegroups als Instrument der GSVP nicht relevant sind (Dembinski und Peters 2019, S. 6 f.), hat mehrere Gründe. So gibt es erhebliche Unterschiede im gemeinsamen Verständnis der Mitgliedstaaten zur Rolle der EU in der internationalen Sicherheitspolitik, den strategischen Zielen und zum Einsatz von Militär allgemein (Major und Mölling 2010, S. 6). Hinzu kommt die Frage der Finanzierung. Zwar erstattet die EU bestimmte Kosten eines Einsatzes, so für die Hauptquartiere, die medizinische Versorgung, Infrastruktur und Administration, aber die übrigen Aufwendungen sind von den truppenstellenden Nationen zu tragen (Dembinski und Peters 2019, S. 9).

Legt man an die Umsetzung des Battlegroup-Konzepts die im vorigen Kapitel beschriebenen Realisierungsvoraussetzungen an, so ergeben sich folgende Schlussfolgerungen:

1. Gemeinsames Verständnis der Sicherheits- und Außenpolitik
   Die Ausführungen zum gemeinsamen Verständnis der Sicherheits- und Verteidigungspolitik treffen auf intergouvernementale Strukturen uneingeschränkt zu. Die zu geringe Ausprägung hat – wie oben ausgeführt – erheblich zum Nichteinsatz von Battlegroups geführt. Es hat sich hier deutlich gezeigt dass

   „(Das) Regelwerk der GASP inklusive der GSVP … intergouvernemental ausgerichtet, konsensorientiert und deshalb tendenziell langsam und unentschlossen in der Entscheidungsfindung sowie anfällig für Blockaden und Vetos einzelner Staaten ist. Zugleich werden Zentrifugalkräfte gestärkt, die sich in nationalen Alleingängen und Idiosynkrasien einzelner Länder niederschlagen." (Lippert et al. 2019, S. 9).

   Daran können auch die Fortschritte „an der Basis" in der Verbesserung der militärischen Zusammenarbeit der Verbände durch die Vorbereitung auf die Battlegroups nichts ändern.

2. Entscheidungskompetenz bei der Gemeinschaft, Übertragung von Souveränitätsrechten
   Mit der Anmeldung von Truppenteilen für eine Battlegroup übertragen die Mitgliedstaaten keine Souveränitätsrechte an die EU. Vielmehr werden die politischen Entscheidungen über einen evtl. Einsatz in der Entscheidungshierarchie der Union gefällt, wobei Einstimmigkeit erforderlich ist (Ratsbeschluss, Beratungs- und Planungsarbeit im Ratssekretariat und in einigen Ausschüssen). Nach einem politischen Grundsatzbeschluss wird durch das EU Military Committee in Kooperation mit der Kommission ein Krisenmanagementkonzept erarbeitet, auf dessen Grundlage dann die militärische Planung erfolgen kann. Hierfür sind bei einer „rapid response"-Operation

nur fünf Tage vorgesehen. Abschließend müssen alle Mitgliedstaaten – entsprechend ihrer nationalen Bestimmungen – noch dem Einsatzbeginn zustimmen. Dann verbleiben weitere zehn Tage, um die Battlegroup in ihr Einsatzgebiet zu verlegen. Es dürfte klar sein, dass Beratungsablauf und das Erfordernis der Einstimmigkeit mit den ehrgeizigen Zeiterfordernissen in einem harten, wahrscheinlich nicht auflösbaren Konflikt stehen.

Im Einsatz liegt dann eine Teilentscheidungskompetenz bei der EU, und zwar beim Battlegroup Commander hinsichtlich der Durchführung der Operation. Die Übertragung der Befehlsfunktion an einen multinationalen Truppenführer greift zwar auch in den Kernbereich nationaler Souveränität, der Befehls- und Kommandogewalt über die eigenen Streitkräfte, ein ist jedoch für die Funktionsfähigkeit einer multinationalen Operation erforderlich, um eine einheitliche Führung zu ermöglichen. Dieses gilt jedoch nur, soweit dem multinationalen Kommandeur nicht durch nationale Vorbehalte („Caveats") bestimmte Restriktionen auferlegt werden (Katze 2018, S. 143 ff.).

3. Gemeinsames Militär mit gemeinsamer europäischer „Militärkultur"
   Diese Voraussetzung ist bei den Battlegroups nicht gegeben, da die Truppenkontingente national geprägt sind und national verbleiben. Zwar kann man davon ausgehen, dass die militärischen Abläufe durch die Vorbereitungsphase nach EU-standardisierten Vorgaben einigermaßen harmonisiert sind, aber eine übergreifende „Militärkultur" entsteht dadurch mitnichten.

4. Gemeinsame Rüstung
   Gleiches gilt für das Kriterium der gemeinsamen Rüstung. Durch das Battlegroup-Konzept wurden keine gemeinsamen Rüstungsvorhaben initiiert.

5. Harmonisiertes Recht
   Und auch für ein gemeinsames Recht haben die Battlegroups keinerlei Impulse geliefert. Hinsichtlich des spezifisch deutschen Verfahrens der Zustimmung (Parlamentsvorbehalt) unterstreichen die Entscheidungsabläufe, dass sich Deutschland in einem „Entscheidungsdilemma" befindet (Mölling 2007, S. 10 f.). Einerseits geht die Bundesregierung mit der Anmeldung eines Beitrags zu einer Battlegroup erste politische Verpflichtungen ein, auf die sich Partner eigentlich verlassen können müssten. In der Phase der politischen Grundsatzentscheidung muss sie ggf. erste Zusagen machen, weil hier schon das Hauptquartier und der Battlegroup-Commander vorausgewählt werden. Andererseits steht die deutsche Beteiligung an der Operation unter dem Vorbehalt der Zustimmung des Deutschen Bundestages. Um dieses Dilemma zu entschärfen, müsste das ParlBG weitentwickelt werden, z. B., in dem die Parlamentsbeteiligung dort ansetzt, wo die erste Verpflichtung erfolgt, also bei der Anmeldung von Kontingenten für eine Battlegroup (von Krause 2015, S. 22).

Aber wie oben dargestellt lehnt der Deutsche Bundestag jede Form von Vorabermächtigungen ab. Damit bleibt das deutsche Entscheidungsdilemma ein wesentliches Hindernis für einen wirkungsvollen Einsatz der Battlegroups in einer „rapid response"-Operation.

## 5.2 Zusammenarbeit in bi-/multinationalen Strukturen – Pooling & Sharing, Framework Nations Concept

**Pooling und Sharing** Nach dem wenig erfolgreichen Versuch, die militärische Handlungsfähigkeit der EU über das Battlegroup-Konzept zu verbessern, gab es 2010 einen weiteren Ansatz. Im Dezember 2010 kam es zu einem Ratsbeschluss, dass man über „Pooling & Sharing" Geld sparen und die militärische Effizienz der Einsatzmittel steigern wolle. Das war allerdings keine neue „Erfindung", sondern lediglich ein neues Schlagwort („Verteidigungskooperation ‚reloaded'") und beschrieb die seit längerem existierende Praxis von Verteidigungskooperationen in der EU. 2010 existierten rund 100 solcher Projekte (Mölling 2012, S. 2).

„Sharing" bedeutet, dass ein oder mehrere Länder den Partnern eine Fähigkeit oder Ausrüstung zur Verfügung stellen bzw. eine Aufgabe für andere übernehmen. Geschieht dieses auf Dauer, können die Partner die entsprechende Fähigkeit einsparen. Beispiele dafür sind die Überwachung des Seeraums über der Nordsee durch Deutschland, was zu einer Entlastung der Niederlande führt, sowie die seit 2004 abwechselnd durch NATO-Partner wahrgenommene Aufgabe der Luftraumüberwachung (Air Policing) über Estland, Lettland und Litauen, die über keine eigenen fliegenden Luftverteidigungskräfte verfügen.[1]

„Pooling" ist eine weitere Form, um nationale Fähigkeiten anderen Partnern zur Verfügung zu stellen. Ein sehr erfolgreiches Beispiel ist die Aufstellung des Europäischen Lufttransportkommandos (European Air Transport Command – EATC). Das 2010 in Dienst gestellte EATC ist eine multinationale Kommandobehörde in Eindhoven in den Niederlanden, der sieben EU-Staaten[2] Lufttransportkräfte unterstellt haben, die aus dem so gebildeten Ressourcenpool Leistungen abrufen können. Seine Hauptaufgabe ist die Koordination und

---

[1]Diese Aufgabe wird allerdings aus der NATO und nicht aus der EU und auch nicht nur von europäischen Staaten wahrgenommen.

[2]Belgien, Deutschland, Frankreich, Italien, Luxemburg, Niederlande, Spanien.

operationelle Führung der zugeordneten Flugzeuge für Lufttransport, Luftbetankung sowie medizinische Evakuierungskräfte. Als Konsequenz der Aufstellung des gemeinsamen EU-Kommandos konnte Deutschland sein nationales Lufttransportkommando Ende 2010 auflösen.

Dem EATC unterstehen derzeit (2019) 170 Luftfahrzeuge mit einer erheblichen Typenvielfalt (34) an 13 Standorten. Das Kommando umfasst 200 Soldaten und steuert im Durchschnitt 60 Einsätze an 365 Tagen im Jahr (EATC 2019). Die Nationen können ihre zugewiesenen Kontingente auch wieder abziehen. Der Unterschied zum AWACS-Modell liegt darin, dass die Funktionsfähigkeit des Gesamtpools durch das Herauslösen von Kapazitäten einzelner Nationen aus dem Pool prinzipiell erhalten bleibt – solange nicht viele gleichzeitig einen solchen Schritt vollziehen (von Krause 2015, S. 7).

Während die meisten Pooling und Sharing-Projekte der EU als „unbefriedigend und dem Ausmaß der Probleme nicht angemessen" bewertet werden (Mölling 2012, S. 2), trifft das sicher nicht auf das EATC zu, das man wohl als „Leuchtturmprojekt" im Rahmen von Pooling und Sharing bezeichnen kann. Daher soll es anhand der oben erarbeiteten Kriterien analysiert werden.

1. Gemeinsames Verständnis der Sicherheits- und Verteidigungspolitik
   Hier gilt die Analyse, die für die Europäische Armee und die Battlegroups erstellt wurde, sinngemäß weiter. Die effektive Kooperation auf der Durchführungsebene hat bisher keine Annäherung im grundsätzlichen Verständnis der Sicherheits- und Vereidigungspolitik gefördert.
2. Entscheidungskompetenz bei der Gemeinschaft – Übertragung von Souveränitätsrechten
   Grundsätzlich unterliegt auch die Aktivität des EATC der nationalen Souveränität. Es bleibt die freie Entscheidung der Mitgliedstaaten, ob und in welchem Ausmaß sie ihre Ressourcen dem EATC unterstellen bzw. diese wieder abziehen. Und die grundsätzlichen Entscheidungen erfordern einen Konsens in der spezifisch für den gemeinsamen Lufttransport geschaffenen Struktur. Dabei steht ein „Multinational Air Transport Committee" an der Spitze, in dem die Luftwaffenchefs aller teilnehmenden Nationen vertreten sind, und das einstimmig entscheidet. Diesem untersteht der EATC-Kommandeur, der für die unterstellten Ressourcen Befehlsbefugnis der Stufe „Operational Control"[3] erhält (EATC 2019). Wie oben ausgeführt, ist das eine schwache Form der Übertragung von Souveränität auf einen EU-Vertreter.

---

[3]Zum Inhalt dieser Befugnis s. Katze (2018, S. 146).

3. Gemeinsames Militär mit gemeinsamer europäischer „Militärkultur"
   Auch zu diesem Kriterium gilt das oben Ausgeführte, dass die grundlegenden
   Unterschiede der Militärkulturen der Mitgliedsstaaten natürlich nicht auf-
   gehoben sind. Allerdings ist davon auszugehen, dass zwischen Luftwaffen, die
   langjährig und dauerhaft eng zusammenarbeiten, sich zumindest auf der Durchführungsebene eine gewisse Harmonisierung der Militärkulturen entwickelt.
4. Gemeinsame Rüstung
   Die Darstellung der derzeitigen Ressourcen des EATC – 34 verschiedene Luft-
   fahrzeugtypen – drückt klar aus: von gemeinsamer Rüstung kann hier (noch)
   nicht die Rede sein.
5. Harmonisiertes Recht
   Eine Angleichung des Rechts könnte allenfalls im Bereich des Luftfahrtrechts
   erwartet werden. Interessant ist im Zusammenhang mit dem EATC die Frage
   des deutschen Parlamentsvorbehalts. Die „Nagelprobe" würde eintreten, wenn
   durch das EATC Einsätze geführt würden, bei denen Soldatinnen oder Soldaten
   der Bundeswehr in „bewaffnete Unternehmungen einbezogen sind oder eine
   Einbeziehung in eine bewaffnete Unternehmung zu erwarten ist". Dann wäre
   nach § 2 ParlBG die Zustimmung des Deutschen Bundestages einzuholen. Und
   für den Fall einer Ablehnung und Zurückziehung der deutschen Luftfahrzeuge
   aus dem Pool des EATC drohte ein erheblicher Vertrauensverlust.

**Framework Nation Concept** Pooling & Sharing war als eine Form der
Zusammenarbeit in den politischen Gremien der EU beschlossen worden. Dabei
zielte das Konzept primär auf den Grundbetrieb und nur sekundär auf Effektivität im Einsatz. Der Begriff wurde so weit gefasst, dass auch Kooperations-
projekte der NATO darunterfallen können.[4] Demgegenüber beruhte das nächste
Kooperationskonzept, das „Rahmennationenkonzept" (Framework Nations
Concept – FNC), auf einem NATO-Beschluss und war mehr auf Einsätze ausgerichtet. Das Konzept war 2013 von Deutschland vorgeschlagen und auf dem
Gipfel in Wales 2014 beschlossen worden.

Prinzip des FNC ist, dass kleinere Streitkräfte spezifische Fähigkeiten in die
Zusammenarbeit mit einer Rahmennation einbringen. Eine variable Anzahl von
Nationen findet sich freiwillig, auf unbestimmte Zeit und unter Wahrung ihrer
vollen verteidigungsplanerischen Souveränität, zu einem FNC-„Fähigkeits-
cluster" zusammen. In den Clustern wird die Interoperabilität zwischen bereits
existierenden Kräften und Fähigkeiten zunächst durch gemeinsame Übungen

---

[4]obwohl die NATO einen parallelen Begriff dafür geprägt hatte, nämlich „Smart Defence".

verbessert, und entlang von gemeinsam definierten Zielvorstellungen werden neue Fähigkeiten entwickelt (BMVg 2017). Inzwischen gibt es 24 solcher Cluster, in denen Länder in Bereichen zusammenarbeiten, an denen sie besonderes Interesse haben, wie z. B. U-Bootbekämpfung, Logistik oder medizinische Versorgung. Eine supranationale Steuerung durch NATO-Organe erfolgt allerdings nicht (Müller 2019).

Das FNC soll zum einen bestimmte Fähigkeiten durch Entwicklung und Beschaffung gemeinsam zu nutzendem Material stärken. Daneben zielt es auch darauf, gemeinsame Großverbände zu bilden. So gliedern die Landstreitkräfte der Tschechischen Republik und Rumäniens einzelne Brigaden in Bundeswehr-Divisionen ein, wobei sie jedoch das Kommando über ihre eingebundenen Truppen behalten. Diese Einbindung dient der gemeinsamen Ausbildung und der Vereinheitlichung von Einsatzkonzepten und damit der Verbesserung der Interoperabilität (ebenda).

Am weitesten fortgeschritten ist diese Art der Verzahnung von Streitkräften unterschiedlicher Nationen zwischen Deutschland und den Niederlanden. Seit 1995 gibt es ein Deutsch-Niederländischen Korpskommando, das schon mehrfach Auslandseinsätze geführt hat. 2014 wurde die 11. Luftbewegliche Brigade des niederländischen Heeres in die deutsche Division Schnelle Kräfte integriert. 2016 unterzeichneten die beiden Länder eine Absichtserklärung zur schrittweisen Integration des Seebataillons der Deutschen Marine[5] in die Königlich Niederländische Marine. Neben gemeinsamen Übungen sind auch ein Personalaustausch und die Mitnutzung eines niederländischen Schiffs für Truppentransporte geplant. Und es wurde vereinbart, die 43. Mechanisierte Brigade der Niederländer in die 1. Panzerdivision der Bundeswehr und gleichzeitig ein deutsches Panzerbataillon in die niederländische Brigade zu integrieren (BMVg 2019).

Diese Verzahnung von Truppenteilen stellt den Einstieg in die Bildung von Teilelementen einer Armee der Europäer dar. Daher soll das Beispiel der deutsch-niederländischen Kooperation anhand der oben entwickelten Kriterien analysiert werden.

1. Gemeinsames Verständnis der Sicherheits- und Verteidigungspolitik
   Eine Analyse der Grundlagen der deutsch-niederländischen Kooperation untersuchte die jeweiligen nationalen Interessen und daraus abgeleitet die sicherheitspolitischen Strategien als Basis der intensiven militärischen

---

[5]Im Seebataillon sind die Marineschutzkräfte, die Minentaucher und Boarding-Soldaten zusammengefasst.

Kooperation. Dabei wurde ein hohes Maß an Übereinstimmung festgestellt, wie Einbindung in NATO und EU, Abhängigkeit vom freien Welthandel oder frühzeitiges Bearbeiten von Krisen. Aber es wurden auch Unterschiede herausgearbeitet. So besitzen die Niederlande z. B. Überseegebiete, die Teil ihrer strategischen Ausrichtung sind. Deutschland dahingegen hat einen starken kontinentaleuropäischen Fokus mit vergleichsweise starker Ausrichtung auf „den östlichen Teil Europas".

Für beide Länder stellt die Studie die These auf, sie hätten zu lange gedacht, dass es nicht notwendig wäre, sich um ihre eigenen Interessen zu kümmern, und schon gar nicht mit militärischen Mitteln. Die Friedensdividende sei aber nun „kassiert", und beide Länder täten gut daran, innerhalb des NATO- und EU-Rahmens klare nationale Strategien zu formulieren und diese abzustimmen, um langfristig eine gemeinsame sicherheitspolitische Strategie festlegen. Dieses würde der Vertiefung der Zusammenarbeit zugutekommen und könnte zu einem Beispiel für andere EU-Staaten werden (van der Veer 2016, S. 23 ff.). Dieses Ergebnis zeigt eine deutliche Angleichung der sicherheitspolitischen Verständnisse der beiden Länder, unterstreicht aber auch, dass es noch weiterer Schritte der Harmonisierung bedarf, selbst bei so engen Nachbarn, die inzwischen zwei Jahrzehnte Erfahrung mit intensiver Kooperation haben.

2. Entscheidungskompetenz bei der Gemeinschaft – Übertragung von Souveränitätsrechten

   Die Großverbände und Stäbe, die die beiden Staaten inzwischen integriert haben, haben (noch) keine Übertragung von Souveränitätsrechten bzw. Abgabe von Entscheidungskompetenz an irgendein EU-Organ zur Folge. Das Prinzip des FNC ist und bleibt eine „Armee der Willigen".

3. Gemeinsames Militär mit gemeinsamer europäischer „Militärkultur"

   Es kann davon ausgegangen werden, dass die langjährige enge deutsch-niederländische Kooperation auf den verschiedenen Ebenen und in unterschiedlichen Teilstreitkräften zu einer allmählichen Angleichung der Militärkulturen zwischen den beiden Armeen führen wird, was sicher eine gute Basis für die anderen Kriterien darstellen kann.

4. Gemeinsame Rüstung

   Auch für das Kriterium einer gemeinsamen Rüstung ergeben sich aus der Kooperation im Rahmen des FNC Impulse, weil die Integration von Truppenteilen in eine Partnerarmee den Anreiz erhöht, eine gleiche Ausrüstung anzustreben. Allerdings wird die Gefahr gesehen, dass neben integrativen auch trennende Tendenzen entstehen könnten. So betrachte Frankreich das FNC mit Argwohn. Denn bei der „ersten Militärmacht des Kontinents" werde befürchtet, dass durch die FNC-Cluster vor allem die deutsche Wehrindustrie profitiere und ihre Stellung im europäischen Rüstungsmarkt auf Kosten der französischen Konkurrenz ausbauen könnte. Bis zuletzt habe Paris 2014 daher die Implementierung des FNC bei der NATO zu hintertreiben versucht (Müller 2019).

5. Harmonisiertes Recht

Was die Angleichung des Rechts betrifft, so gilt das oben Festgestellte. Und auch für den deutschen Parlamentsvorbehalt gilt, dass die integrierten Strukturen natürlich nur nach einem Bundestagsbeschluss eingesetzt werden können. Und das wirft erneut die Frage des Vertrauens der kleineren Partner auf. Ein tschechischer Kommentar von 2014 mit Blick auf die Rühe-Kommission bringt dieses auf den Punkt:

„One of the events to pay attention in 2015 is the report from the so called Rühe commission of the German parliament. The report … will propose how to loosen the parliamentary restriction on the foreign deployment of the German army within the NATO and EU framework. **Should this endeavor fail to gain endorsement from the grand coalition, the smaller states engaged with Berlin within the FNC framework would think twice about merging their capabilities with Germany"** (zit. nach Gutmann 2018, S. 138, Hervorhebung UvK).

## 5.3     Institutionalisierte Zusammenarbeit nach dem Lissaboner Vertrag – PESCO

Während das FNC eine deutsche Initiative im Rahmen der NATO war, kam es nach den fundamentalen Veränderungen der sicherheitspolitischen Situation in Europa ab 2014 – Annexion der Krim, Brexit-Votum und das Abrücken von Präsident Trump vom atlantischen Bündnis – auch im Rahmen der EU zu einer institutionalisierten Form der Zusammenarbeit. Im Vertrag von Lissabon war die Möglichkeit angelegt worden, „weitergehende Verpflichtungen in Bezug auf militärische Fähigkeiten" einer Gruppe von Mitgliedstaaten innerhalb der EU-Strukturen zu organisieren.[6] Dieses Instrument blieb jedoch lange Zeit irrelevant. Weil Großbritannien sich zögerlich zeigte, weitere militärische EU-Strukturen mitzutragen, um nicht in Konkurrenz zur NATO zu treten, war die PESCO – wie Kommissionspräsident Juncker formulierte – eine „schlafende Schönheit" (Beer 2019). Erst durch das Brexit-Votum wurde der Weg für eine Realisierung der PESCO frei.

---

[6]Art. 42, Abs. 6.

2017 gründeten 25 EU-Mitgliedstaaten – alle außer Großbritannien, Malta und Dänemark – die PESCO. Dazu einigten sie sich auf 20 verbindliche Verpflichtungen, darunter eine jährliche Erhöhung der Verteidigungsausgaben, eine Erhöhung der Verteidigungsinvestitionen, die Harmonisierung der nationalen Verteidigungsplanungen und eine verstärkte Kooperation bei der Fähigkeitsentwicklung (BMVg 2018).

Die PESCO bietet damit einen institutionellen Rahmen, innerhalb dessen die EU-Partner die Entwicklung der gemeinsamen Verteidigungsfähigkeiten vorantreiben sollen. Sie zielt dabei auf Harmonisierung von Rüstungsmaterial und Militärorganisation, Förderung gemeinsamer Beschaffungsprojekte und Einsätze sowie Schaffung eines europäischen Rüstungsbinnenmarktes (Dossi 2019, S. 2). Inzwischen (2019) gibt es 34 solcher PESCO-Projekte. Ein Teil der Projekte wurde aus FNC-Projekten in die PESCO übertragen (Beer 2019). Deutschland ist an 17 beteiligt und hat bei sechs die Koordinierungsrolle.[7]

Dabei ist die PESCO Teil eines umfassenderen Gesamtansatzes. Sie ist eingebettet in andere EU-Verteidigungsinitiativen, wie zum Beispiel eine koordinierte jährliche Überprüfung der Verteidigungsplanung („Coordinated Annual Review on Defence" – CARD) oder ein Europäischer Verteidigungsfonds („European Defence Fund" – EDF). Aus dem Fond sollen Projekte nach technisch-operativen Vorgaben des Ministerrats und nach Priorisierung durch die Kommission finanziert werden, wobei – vorbehaltlich der Verabschiedung des EU-Haushalts – für die Jahre 2021–2027 Mittel in Höhe von 13 Mrd. € geplant sind (Dossi 2019, S. 2).

Auch wenn die Projekte aus der PESCO erst allmählich anlaufen, so soll im Folgenden doch anhand der oben entwickelten Kriterien abgeschätzt werden, inwieweit durch die PESCO bzw. die damit verbundenen Instrumente (CARD, EDF) die Voraussetzungen für eine Armee der Europäer verbessert werden können.

1. Gemeinsames Verständnis der Sicherheits- und Verteidigungspolitik
   Die grundlegenden Divergenzen in der sicherheitspolitischen Wahrnehmung bei den EU-Partnern bestehen natürlich auch in einer PESCO-Umgebung. Hinzu kommen aber auch noch Unterschiede in der Auffassung zur PESCO.

---

[7]Diese sechs sind: Ein Europäisches Sanitätskommando, ein Europäisches Logistiknetzwerk (bei diesen beiden Übernahme aus FNC), ein EU-Kompetenzzentrum für Trainingsmissionen, die Strukturierung der EU-Krisenreaktionskräfte, der Betrieb einer Eurodrohne und die vertiefte Koordination einer Europäische Geoinformationsunterstützung (BMVg 2018).

Der Wortlaut des Art. 42, 6 des Vertrags von Lissabon spricht davon, dass Mitgliedstaaten eine Strukturierte Zusammenarbeit begründen können, die „anspruchsvollere Kriterien in Bezug auf die militärischen Fähigkeiten erfüllen und die im Hinblick auf Missionen mit höchsten Anforderungen untereinander weiter gehende Verpflichtungen eingegangen sind". Wenn 25 der 28 Mitgliedstaaten der PESCO beigetreten sind, dann muss wohl stark bezweifelt werden, dass sie alle die „anspruchsvolleren Kriterien" erfüllen. Daher war es französische Position, den Kreis der PESCO-Teilnehmer zunächst klein zu halten, um eine substanzielle Verbesserung der Verteidigungsfähigkeit zu erreichen, wohingegen Deutschland den Teilnehmerkreis vergrößern wollte, um die Integration und den Zusammenhalt in der Union zu stärken (Major und Mölling 2019, S. 2).

Eine weitere Frage, zu der es unterschiedliche Positionen bei den Mitgliedstaaten gibt, ist, ob auch Nicht-EU-Mitglieder an der PESCO teilnehmen können. Die Frage wird nach einem vollzogenen Brexit sehr relevant, denn die militärischen Potenziale von Großbritannien sind für Europa von großer Bedeutung.

Die unterschiedlichen Auffassungen wurden auch darin deutlich, dass Präsident Macron in seiner Sorbonne-Rede 2017 neben der PESCO ein weiteres Format vorschlug, die „Europäische Interventionsinitiative" (European Intervention Initiative – EI2). Diese stellt eine Art „Gegenentwurf" zur PESCO dar. Denn nachdem Frankreich seine Vorstellung nicht durchsetzen konnte, mit der PESCO klein zu starten und sie vorrangig auf operative Verbesserungen auszurichten, zielte Macron mit der EI2 in die gleiche Richtung. Der Fokus von EI2 liegt dezidiert auf Flexibilität und Handlungsfähigkeit und nicht – wie bei PESCO – auf Strukturen (Koenig 2018, S. 2). Daher lud Frankreich nicht alle 28 EU-Mitgliedstaaten zur Teilnahme an der EI2 ein, sondern nur neun, darunter auch Großbritannien und Dänemark, die sich nicht an der PESCO beteiligen. Dieses wurde z. T. so interpretiert, dass Frankreich die EI2 von der PESCO getrennt sehen und die EU-Verfahren umgehen wollte (ebenda, S. 3). Hinzu kommt, dass es aber auch Überlappungen von PESCO zu den anderen Initiativen der letzten Jahre gibt, so zum FNC und zum EI2 (ebenda, S. 4). Damit ergeben sich eine Reihe von Bruchlinien im Nebeneinander bzw. der Überschneidung der unterschiedlichen europäischen Initiativen. Daher ist der Bewertung zuzustimmen:

> „PESCO ist ein Balanceakt zwischen divergierenden europapolitischen Visionen, sicherheitspolitischen Notwendigkeiten und bündnispolitischen Präferenzen." (Dossi 2019, S. 4).

2. Entscheidungskompetenz bei der Gemeinschaft – Übertragung von Souveränitätsrechten
   Innerhalb der PESCO sind noch keine Projekte soweit fortgeschritten, dass sie
   unter dem Stichwort „Armee der Europäer" bereits als Modell dienen könnten.
   Die Vereinbarung sieht keine Übertragung von Souveränitätsrechten an die
   Gemeinschaft vor.
3. Gemeinsames Militär mit gemeinsamer europäischer „Militärkultur"
   Wie zu den vorigen Projekten ausgeführt kann davon ausgegangen werden,
   dass eine auf Dauer angelegte Vertiefung der Zusammenarbeit in Richtung
   einer harmonisierten Militärkultur auf der unteren Ebene wirken kann.
4. Gemeinsame Rüstung
   Ziele der PESCO sind die transnationale Konsolidierung beziehungsweise
   Zentralisierung der Angebots- und Nachfrageseite des europäischen Rüstungsmarktes sowie die Standardisierung von Wehrmaterial. Wenn dieses erreicht
   werden soll, müsste es zu einer Abschwächung von nationalem Protektionismus und zu Anreizen kommen, die eine Nutzung kooperativer Synergien fördern (Dossi 2018, S. 3). Möglicherweise kann das Geld aus dem EDF solche
   Anreize setzen und damit Dynamiken auslösen, die bisher aufgrund von nationalen Egoismen weitgehend gefehlt haben.
5. Harmonisiertes Recht
   Eine Angleichung der unterschiedlichen rechtlichen Regelungen der Mitgliedstaaten ist durch die PESCO nicht zu erwarten. Mit Blick auf den deutschen Parlamentsvorbehalt gibt es jedoch einige Projekte bzw. Funktionen,
   die nicht im Einsatzgebiet erbracht werden müssen, sondern in Europa.
   Dieses trifft z. B. auf das Projekt „Military Mobility" zu, das unter niederländischer Koordination steht. Dieses zielt auf so etwas wie ein „militärisches
   Schengen". Damit sollen die derzeit zwischen den einzelnen EU-Staaten zeitraubenden regulatorischen Unterschiede und Hindernisse angeglichen werden.
   Für solche Projekte wäre der deutsche Parlamentsvorbehalt kein Hindernis.
   Wo allerdings eine Verlegung von gemeinsamen Strukturelementen in ein Einsatzland erforderlich ist, gelten die oben herausgearbeiteten Feststellungen
   zur potenziell verzögernden Wirkung des Parlamentsvorbehalts auch für
   PESCO-Elemente.

# Ergebnis: Europäische Armee unrealistisch – aber Armee der Europäer als Chance {6}

Die Bewertung der verschiedenen Varianten einer gemeinsamen Armee in Europa hat deutlich gemacht, dass die vergemeinschaftete „Europäische Armee" bzw. „EU-Armee" ein unrealistisches Ziel ist, ein „Traum", oder sogar ein „Hirngespinst". Es fehlen dafür alle Voraussetzungen, vor allem die Bereitschaft der Mitgliedstaaten, Souveränität im Bereich der Sicherheits- und Verteidigungspolitik abzugeben. Dieses gilt sowohl für eine Europäische Armee, die alle nationalen Streitkräfte integrierte, als auch für eine europäische Teilarmee mit deutscher Beteiligung, die neben den nationalen Armeen aufgestellt würde. Als besonders schwerwiegend erweisen sich dabei die deutsche Verfassungslage nach der Rechtsprechung des BVerfG zum Lissabonvertrag und die derzeitige Ausgestaltung des deutschen Parlamentsvorbehalts.

Politiker, die in vielen Sonntagsreden die Europäische Armee propagieren, riskieren massiv ihre Glaubwürdigkeit. So musste Bundeskanzlerin Merkel in einer Antwort auf eine Kleine Anfrage der FDP-Fraktion einräumen, dass ihre Forderung nach einer „echten europäischen Armee" nur „sinnbildlich" gemeint gewesen sei, was zu der höhnischen Schlagzeile in der Presse führte:

„Echte europäische Armee' – nur eine merkelsche Worthülse" (Jungholt 2019).

Nicht ganz so negativ ist das Ergebnis der Analyse zur „Armee der Europäer" bzw. „Armee der EU" als Allianz von nationalen Armeen bzw. Segmenten nationaler Armeen, die mehr oder weniger zusammenwachsen und bei denen die Mitgliedstaaten weitgehend die Souveränität behalten – wobei auch eine Beteiligung von Nicht-EU-Staaten möglich wäre.

In den vorhergehenden Kapiteln wurde herausgearbeitet, dass es eine Vielzahl von Realisierungsansätzen für solche gemeinsamen Strukturen gibt. Näher

© Springer Fachmedien Wiesbaden GmbH, ein Teil von Springer Nature 2019  37
U. von Krause, *Die Bundeswehr als Teil einer Europäischen Armee*, essentials,
https://doi.org/10.1007/978-3-658-28165-6_6

betrachtet wurden die EU-Battlegroups, das EATC, die deutsch-niederländischen Kooperationen und Projekte im Rahmen der PESCO. Dabei hat sich gezeigt, dass eine realistische Nutzung solcher Modelle desto unwahrscheinlicher ist, je mehr die in Gemeinschaftsprojekte eingebrachten Streitkräfteelemente für Kampfeinsätze vorgesehen sind. So blieben die Battlegroups bisher ein Papiertiger, wohingegen das Modell der gemeinsamen Lufttransportflotte des EATC äußerst erfolgreich ist. Inwieweit die deutsch-niederländischen Kooperationsvorhaben, die durchaus einsatzrelevant angelegt sind, zur Wirksamkeit gebracht werden, hängt nicht zuletzt vom deutschen Parlamentsvorbehalt ab. Die Tatsache, dass das deutsch-niederländische Korpskommando 2003 auch nach Afghanistan verlegt wurde und dort die ISAF-Truppen führte, zeigt, dass die gemeinsamen Strukturen durchaus auch für Auslandseinsätze infrage kommen können, wenn genügend Zeit für die Entscheidungsfindung gegeben ist.

Die Analysen haben gezeigt, dass die Voraussetzungen

- harmonisiertes Verständnis der Sicherheits- und Verteidigungspolitik,
- Souveränitätsverzicht,
- gemeinsame Militärkultur,
- gemeinsame Rüstung und
- harmonisiertes Recht

in den derzeitigen Kooperationsformen nur unvollkommen gegeben sind. Wenn die Partner jedoch akzeptieren, dass solche Unterschiede bestehen, sie aber nicht als unüberwindbare Hindernisse ansehen, sondern Lösungen suchen, trotz dieser Unterschiede wirkungsvoll zusammenzuarbeiten, dann können solche Projekte durchaus zu ersten Bausteinen einer künftigen Armee der Europäer werden. Die (noch) fehlenden Voraussetzungen könnten sich im Laufe der Kooperationen entwickeln – zumindest teilweise.

Jeder Fortschritt in der Realisierung von Elementen einer Armee der Europäer müsste zu einer Stärkung der militärischen Fähigkeiten der europäischen Staaten führen. Wie sich das auf die Zukunft der transatlantischen Sicherheitsbeziehungen auswirkt, hängt allerdings davon ab, nach welchem Modell sich diese entwickeln.

Wenn Europa seine Verteidigungsfähigkeit mit zu kleinen Schritten nur unzureichend stärkt und damit weiter hinter den Erwartungen der USA auf Lastenteilung zurückbleibt, besteht die Gefahr, dass sich die transatlantische Führungsmacht – auch nach einer Trump-Ära – von Europa entfernt und ihr Engagement in der transatlantischen Sicherheitsarchitektur zurückfährt.

Spätestens dann müssten die Europäer ihre Anstrengungen massiv steigern, um ihre Sicherheit auch ohne die USA zu gewährleisten.

Falls Europa durch substanzielle Fortschritte der GSVP sicherheitspolitisch und militärisch erstarken würde, könnte – optimistisch betrachtet – eine gleichberechtigte Zwei-Pfeiler-Allianz entstehen. In einer solchen wäre Europa in der Lage, in Abstimmung mit den USA regionale Konflikte auch ohne US-Beteiligung zu bearbeiten. Pessimistisch betrachtet kann aber auch nicht ausgeschlossen werden, dass sich ein sicherheitspolitisch erstarkendes Europa zu einem Rivalen der USA entwickelte, zumindest in deren Perzeption, was langfristig zu einer Erosion der NATO führen könnte (Varwick 2017, S.132 f.).

Welche Annahmen für die künftige transatlantische Entwicklung aber immer auch zugrunde gelegt werden, die Stärkung der europäischen Verteidigungsfähigkeit ist in jedem Fall ein Muss, will Europa nicht sicherheitspolitisch in der Bedeutungslosigkeit versinken. Und die Herausbildung von Elementen einer Armee der Europäer erscheint als ein möglicher Weg dahin, vielleicht sogar als der einzige. Daher sollten die europäischen Staaten – seien sie Mitglieder der EU oder der NATO oder keines von beiden – die Chancen nutzen, die die Vielzahl von Initiativen zur Intensivierung ihrer Verteidigungsanstrengungen bieten, bis hin zu einer Armee der Europäer bzw. von Elementen davon.

# Was Sie aus diesem *essential* mitnehmen können:

- Die Idee einer Europäischen Armee ist seit 70 Jahren Bestandteil der sicherheitspolitischen Diskussion, sie ist jedoch für Gegenwart und vorhersehbare Zukunft unrealistisch.
- Wesentliche Voraussetzungen für Modelle einer engen militärischen Kooperation sind ein gemeinsames Verständnis von Sicherheitspolitik, Souveränitätsverzicht, eine gemeinsame Rüstung sowie harmonisierte kulturelle und rechtliche Rahmenbedingungen.
- Ein vollständiges Aufgehen der Bundeswehr in einer Europäischen Armee ist rechtlich ausgeschlossen, eine Europäische Armee neben den nationalen Armeen stößt auf viele Hindernisse.
- Es gibt diverse Ansätze für die Schaffung von Elementen einer Armee der Europäer (EU Battlegroups, Sharing & Pooling-Modelle, binationale Kooperationen mit Potenzial, Projekte im Rahmen der Permanent Structured Cooperation), die es auszugestalten und weiterzuentwickeln gilt.
- Die Auswirkungen einer gestärkten europäischen Verteidigung auf das transatlantische Verhältnis sind unbestimmt.

© Springer Fachmedien Wiesbaden GmbH, ein Teil von Springer Nature 2019  41
U. von Krause, *Die Bundeswehr als Teil einer Europäischen Armee,* essentials,
https://doi.org/10.1007/978-3-658-28165-6

# Literatur


Auswärtiges, Amt (o.J.). Die Entwicklung der GASP. https://www.auswaertiges-amt.de/de/aussenpolitik/europa/aussenpolitik/gasp/geschichtegasp-node. Zugegriffen: 23. Juli 2019.

Balzli, B., et al. (2015). Juncker will EU-Armee. Welt am Sonntag-Online vom 08.03.2015. https://www.welt.de/print/wams/article138170362/Juncker-will-EU-Armee.html. Zugegriffen: 24. Juli 2019.

Bartels, H-P. (2017). Große Verantwortung, große Möglichkeiten. In H-P Bartels et al. (Hrsg.), *Strategische Autonomie und die Verteidigung Europas. Auf dem Weg zur Europäischen Armee?* Bonn. S. 38–58.

Beer, J. (2019): Pesco: Machen 34 Projekte die EU verteidigungsfähig? FAZ-Net vom 26.03.2019. https://www.faz.net/aktuell/politik/ausland/pesco-machen-34-projekte-die-eu-verteidigungsfaehig-16083341.html?printPagedArticle=true#pageIndex_0. Zugegriffen: 04. Aug. 2019.

Bild – Merkel. (2007). „Die europäische Einigung ist auch heute noch eine Frage von Krieg und Frieden". BILD-Interview mit Bundeskanzlerin und EU-Ratspräsidentin Angela Merkel vom 22.03.2007. https://www.bild.de/news/2007/eu-einigung-krieg-frieden-teil1-1575640.bild.html. Zugegriffen: 23. Juli 2019.

BMVg. (2017). Fragen und Antworten zum Rahmennationenkonzept der NATO. https://www.bmvg.de/de/aktuelles/rahmennationenkonzept-der-nato-17722. Zugegriffen: 11. Aug. 2019.

BMVg. (2018). PESCO: Mehr Zusammenarbeit bei der Verteidigung. https://www.bmvg.de/de/aktuelles/pesco-mehr-zusammenarbeit-bei-der-verteidigung-29614. Zugegriffen: 12. Aug. 2019.

BMVg. (2019). Bilaterale Kooperation Deutschland-Niederlande. https://www.bmvg.de/de/themen/friedenssicherung/bilaterale-kooperation/deutschland-niederlande. Zugegriffen: 11. Aug. 2019.

Dembinski, M., & Peters, D. (2018). Eine Armee für die Europäische Union? Europapolitische Konzeptionen und Verteidigungspolitische Strukturen. PRIF Report 1/2018. https://www.hsfk.de/publikationen/publikationssuche/publikation/eine-armee-fuer-die-europaeische-union/. Zugegriffen: 15. Aug. 2019.

Descôtes, A.-M. (2019). Vom „German-free" zum gegenseitigen Vertrauen. Arbeitspapier Sicherheitspolitik Nr. 7/2019 der Bundesakademie für Sicherheitspolitik. https://www.baks.bund.de/de/arbeitspapiere/2019/vom-german-free-zum-gegenseitigen-vertrauen. Zugegriffen: 09. Aug. 2019.

Deutscher Bundestag. (2018). Wissenschaftliche Dienste: Die europäische Armee 1948–2018. Konzepte und Ideen zur Vertiefung der gemeinsamen europäischen Sicherheits- und Verteidigungspolitik und zur Erhöhung des Grades der Streitkräfteintegration. Az: WD 2 – 3000 – 126/18 vom 18. Okt. 2018.

Deutsches Heer. (2019). Die deutsch-französische Brigade. https://www.deutschesheer.de/portal/a/heer/start/dienstst/10pzdiv/gldg/dfbrig/!ut/p/z1/04_Sj9CPykssy0xPLMnMz0vMAfIjo8zizSxNPN2Ngg18DUJdDQ0cvYK83EINfYwNDAz0wwkpiAJKG-AAjgb6wSmp-pFAM8xxm2GqH6wfpR-VlViWWKFXkF9UkpNaopeYDHKhfmRGYl5KTmpAfrIjRKAgN6LcoNxREQDA2LAZ/dz/d5/L2dBISEvZ0FBIS9nQSEh/#Z7_694IG2S0M0UE10AJRJFU1L3005. Zugegriffen: 12. Aug. 2019.

Dossi, A. (2019). PESCO-Rüstungskooperation: Potenzial und Bruchlinien. CSS Analysen zur Sicherheitspolitik, Nr. 241, März 2019. https://doi.org/10.3929/ethz-b-000329142. Zugegriffen: 12. Aug. 2019.

Dupuis, O. (2017). Europäische Verteidigung: Für eine gemeinsame Armee der Europäischen Union. VoxEurop vom 04.09.2017. https://voxeurop.eu/de/2017/europ-?ische-verteidigung-5121352. Zugegriffen: 24. Juli 2019.

EATC. (2019). European Air Transport Command. Factsheet. https://eatc-mil.com/post/the-new-eatc-factsheet. Zugegriffen: 06. Aug. 2019.

Ebert, M., et al. (2015). Europäische Union. Ausgabe Nordrhein-Westfalen: Themenheft ab Klasse 10 (Sozialwissenschaften). https://www2.klett.de/sixcms/media.php/229/006926_SoWi_EU_online_c977u9_Lokomotivtheorie_071.pdf. Zugegriffen: 30. Juli 2019.

EPSC. (2015). European Political Strategy Center. In Defence of Europe. Defence Integration as a Response to Europe`s Strategic Moment (Barnier-Bericht). EPSC Strategic Notes, Issue 4/2015, 15th June. https://ec.europa.eu/epsc/publications/strategic-notes/defence-europe_en. Zugegriffen: 29. Juli 2019.

EU External Action. (2013). Common Security and Defence Policy. EU Battlegroups, April 2013. https://www.consilium.europa.eu/uedocs/cms_data/docs/pressdata/en/esdp/91624.pdf. Zugegriffen: 11. Aug. 2019.

EU-Rat. (2019). Rat „Auswärtige Angelegenheiten" vom 17.06.2019. Wichtigste Ergebnisse. https://www.consilium.europa.eu/de/meetings/fac/2019/06/17/ Zugriffen: 01. Aug. 2019.

FAZ – Militärisches Schengen. (2018). Militärisches Schengen: EU-Kommission will für Panzer das Verkehrsnetz verbessern. In: FAZ Net vom 28.03.2018. https://www.faz.net/aktuell/politik/eu-kommission-will-fuer-panzer-das-verkehrsnetz-verbessern-15516937.html. Zugegriffen: 13. Aug. 2019.

Fischer, E., & Riedel, D. (2018). Der Weg zu EU-Armee ist steinig – kommt stattdessen die „Armee der Willigen"? Handelsblatt Online vom 26.12.2018. https://www.handelsblatt.com/politik/international/verteidigungsunion-der-weg-zur-eu-armee-ist-steinig-kommt-stattdessen-die-armee-der-willigen/23790020.html?ticket=ST-3833337-KV22envMv-xvsXxiDGucX-ap4. Zugegriffen: 16. Juli 2019.

Fröhling, G. (2005). Innere Führung und Multinationalität als Herausforderung für die Bundeswehr und die Streitkräfte ausgewählter NATO-Partner. https://athene-forschung. unibw.de/doc/85366/85366.pdf. Zugegriffen: 02. Aug. 2019.

Gareis, S. B. (2011). Europäische Streitkräfte: eine neue Militärkultur anstelle national-staatlicher Traditionen und Führungsphilosophien. In G. F. Kaldrack & H-G. Pöttering (Hrsg.), *Eine einsatzfähige Armee für Europa. Die Zukunft der Gemeinsamen Sicher-heits- und Verteidigungspolitik nach Lissabon.* Baden-Baden (Nomos), S. 454–464.

Gutmann, C. (2018). Parlamentsbeteiligung in anderen NATO- und EU-Staaten angesichts verstärkter Multinationalität und Integration. In S. G. Kielmannsegg et al. (Hrsg.), *Multinationalität und Integration im militärischen Bereich. Eine rechtliche Perspektive. Baden-Baden (Nomos)*, S. 119–142.

Hegmann, G. (2019). Europas Super-Kampfjet soll der größte Feind des Radars werden. Welt-Online, 17.06.2019. https://www.welt.de/wirtschaft/article195448445/ Eurofighter-Nachfolger-Europas-Super-Kampfjet-versteckt-seine-Waffen.html. Zugegriffen: 18. Aug. 2019.

Jungholt, T. (2019). „Echte europäische Armee" – nur eine merkelsche Wort-hülse. Welt-Online vom 03.03.2019. https://www.welt.de/politik/deutschland/ article189710567/Verteidigung-Merkels-echte-europaeische-Armee-ist-eine-Worthu-else.html. Zugegriffen: 21. Juli 2019.

Katze, J. (2018). Nationale Vorbehalte bei multinationalen Streitkräfteeinsätzen . Funktionsbedingung oder operatives Hindernis? In Kielmannsegg, Sebastian Graf von et al. (Hrsg.), *a.a.O.*, S. 143–161.

Koenig, N. (2018). The European Intervention Initiative: A look behind the scenes. Jaques Delors Institut, Policy Brief 27.06.2018. https://www.delorsinstitut.de/en/all-publications/ the-european-intervention-initiative-a-look-behind-the-scenes/. Zugegriffen: 06. Aug. 2019.

Krause, J. (2019). Deutschlands Rüstungsexportpolitik auf dem Prüfstand. ISPK Policy Brief Nr. 7, März 2019. https://www.ispk.uni-kiel.de/de/publikationen/ispk-poli-cy-briefs/copy_of_ispk-policy-briefs. Zugegriffen: 03. Aug. 2019.

Lang, S. (2018). Deutsch-französische Brigade zeigt schon jetzt, wie Europa-Armee funktionieren kann. Focus Online vom 03.12.2018. https://www.focus.de/perspekti-ven/14-laender-14-reporter/14-laender-14-reporter-frankreich-trotz-gemeinsamer-mis-sion-in-mali-was-den-franzosen-an-unserer-bundeswehr-nicht-gefaellt_id_9999457. html. Zugegriffen: 02. Aug. 2019.

Lippert, B., et al. (2019). Strategische Autonomie Europas. Akteure, Handlungsfelder, Zielkonflikte. Stiftung Wissenschaft und Politik. Deutsches Institut für Internationale Politik und Sicherheit. SPW-Studie 2, Februar 2019. https://www.swp-berlin. org/10.18449/2019S02/. Zugegriffen: 30. Juli 2019.

Mäder, M. (2019). Interoperabilität: Schlüssel zur militärischen Handlungsfähigkeit. https:// www.e-periodica.ch/cntmng?pid=asm-004:2000:166::966. Zugegriffen: 29. Juli 2019.

Major, C., & Mölling, C. (2010). EU – Bilanz und Optionen zur Weiterentwicklung. SWP Berlin, Studie 22, August 2010. https://www.swp-berlin.org/publikation/eu-battleg-roups/. Zugegriffen: 06. Aug. 2019.

Major, C., & Mölling, C. (2019). PeSCo. The German Perspective. Armament Industry European Research Group, Policy Paper Nr. 36, February 2019. http://www.iris-france. org/wp-content/uploads/2019/02/Ares-36.pdf. Zugegriffen: 12. Aug. 2019.

Mölling, C. (2007). EU-Battlegroups. Stand und Probleme der Umsetzung in Deutschland und für die EU. Diskussionspapier Forschungsgruppe 2/2007, 05.03.2007, SWP Berlin. https://www.swp-berlin.org/arbeitspapier/p_c_page/5/?tx_dreipcswpdb_publications%5Bfilter%5D%5Bcategories%5D%5B0%5D=3005&tx_dreipcswpdb_publications%5Badd%5D%5Byears%5D=2007&cHash=241f40fbaac75fc2d546079f0838fcaf. Zugegriffen: 06. Aug. 2018.

Mölling, C. (2012). Pooling und Sharing in NATO und EU. SWP-Aktuell 25, Mai 2012. https://www.swp-berlin.org/publikation/europas-verteidigung-pooling-sharing/. Zugegriffen: 06. Aug. 2019.

Müller, B. (2019). Das Rahmennationenkonzept. Bundeszentrale für politische Bildung. Dossier 02.05.2019. https://www.bpb.de/politik/grundfragen/deutsche-verteidigungspolitik/290423/rahmennationenkonzept. Zugegriffen: 11. Aug. 2019.

NATO. (2018). Defence Expenditure of NATO Countries (2010-2017). Communique PR/CP (2018)16 vom 15.03.2018. https://www.nato.int/cps/en/natohq/news_152830.htm. Zugegriffen: 22. Mai 2018.

NGO-Online. (2006). „Wir sind auf dem Weg zu einer Europäischen Armee". https://www.ngo-online.de/2006/10/6/europaparlament/. Zugegriffen: 23. Juli 2019.

NTV – Belgischer Vorschlag. (2007). EU-Steuer und EU-Armee, NTV-Online vom 07.03.2019. https://www.n-tv.de/politik/EU-Steuer-und-EU-Armee-article216692.html. Zugegriffen: 23. Juli 2019.

Reiterer, M. (2017). Die Globale Strategie der Europäischen Union – den Visionen Taten folgen lassen. In: integration 1/2017, hrsg. vom Institut für Europäische Politik. https://t.co/DAA4xNsLBW. Zugegriffen: 01. Aug. 2019.

Ross, A. (2019). Nicht sicher, dass wir in der Lage wären, die Russen zu stoppen. FAZ-NET vom 02.05.2019. https://www.faz.net/aktuell/politik/europawahl/debatte-ueber-europaeische-armee-eu-spitzenkandidaten-diskutieren-16168256.html?printPagedArticle=true#pageIndex_0. Zugegriffen: 22. Juli 2019.

Schaprian, H-J. (2018). Innere Führung – Grundlage für eine Konzeption Europäischer Streitkräfte? In R. Wagner & H-J. Schaprian (Hrsg.), *Handlungsfähigkeit stärken – Stabilität schaffen. Überlegungen zur Europäischen Sicherheits- und Verteidigungsunion. Magdeburg* (Friedrich-Ebert-Stiftung), S. 160–167.

Scholz, R. (2011). Das deutsche Grundgesetz und eine Europa-Armee – Eine verfassungsrechtliche Würdigung. In G. F. Kaldrack & H-G Pöttering (Hrsg.), *a.a.O.*, S. 152–160.

Seiller, F. (2018). Der historische Vergleich – die Europäische Verteidigungsgemeinschaft (EVG) als Modell für multinationale Streitkräftestrukturen? In: Kielmannsegg, Sebastian Graf von et al. (Hrsg.), *a.a.O.*, S. 31–64.

Spiegel – Armee der Europäer. (2018). von der Leyen wirbt für „Armee der Europäer". Spiegel Online vom 12.11.2018. https://www.spiegel.de/politik/ausland/ursula-von-der-leyen-wirbt-fuer-armee-der-europaeer-a-1238076.html. Zugegriffen: 24. Juli 2019.

SZ – Macron. (2018). Macron fordert „wahre europäische Armee". SZ-Online vom 06.11.2018. https://www.sueddeutsche.de/politik/militaer-europa-verteidigung-1.4198669. Zugegriffen: 24. Juli 2019.

SZ – Merkel. (2018). Kanzlerin im EU-Parlament Merkel plädiert für „echte europäische Armee". https://www.sueddeutsche.de/politik/kanzlerin-im-eu-parlament-merkel-plaediert-fuer-echte-europaeische-armee-1.4209504. Zugegriffen: 21. Juli 2019.

Van der Veer J. (2016). Entscheidungsfindung für den Bi-Nationalen Einsatz und die Strategischen Konsequenzen. Lehrgangsarbeit an der Führungsakademie der Bundeswehr 2016.

Varwick, J. (2007). Auf dem Weg zur „Euroarmee". Erster Schritt: Die EU braucht eine gemeinsame europäische Militärstrategie. IP Januar, S. 56–51.

Varwick, J. (2017). NATO in (Un-)Ordnung. Wie transatlantische Sicherheit neu verhandelt wird. Schwalbach/Ts.

von Krause, U. (2008). *Mehrebenengovernance in der EU. Deutsche Mitwirkung an der Rechtsetzung.* VS Verlag: Wiesbaden.

von Krause, U. (2013). *Die Bundeswehr als Instrument deutscher Außenpolitik.* VS Verlag: Wiesbaden.

von Krause, U. (2015). Das Parlament und die Bundeswehr Zur Diskussion über die Zustimmung des Deutschen Bundestages zu Auslandseinsätzen. (Springer VS).

von Wegerer, B-U. (2018). Europäische Verteidigungsagentur – Perspektiven der gemeinsamen Fähigkeitsentwicklung. In R. Wagner & H-J Schaprian (Hrsg.), *a.a.O.*, S. 101–108.

von Wogau, K. (2009). Die Europäische Sicherheits- und Verteidigungspolitik. http://www.wogau.de/de/presse/mitteilungen/111209_die_europaeische_sicherheits_und_verteidigungspolitik.php. Zugegriffen: 23. Juli 2019.

Weingärtner, D. (2018). Auf dem Weg zu einer Europäischen Armee? Eine rechtliche Betrachtung. In R. Wagner & H-J Schaprian (Hrsg.), *a.a.O.*, S. 152–159.